外国為替証拠金取引のレバレッジ規制
（平成 30 年 6 月 28 日開催）

報告者　飯　田　秀　総
（東京大学大学院法学政治学研究科准教授）

目　次

Ⅰ．はじめに………………………………………………………………	1
Ⅱ．現在の規制……………………………………………………………	3
Ⅲ．信用取引のレバレッジ規制…………………………………………	8
Ⅳ．米国における FX 取引のレバレッジ規制…………………………	10
Ⅴ．EU における FX 取引のレバレッジ規制…………………………	14
Ⅵ．検討……………………………………………………………………	16
討　議……………………………………………………………………	23
報告者レジュメ…………………………………………………………	47
資　料……………………………………………………………………	62

金融商品取引法研究会出席者（平成30年6月28日）

会　　長	神　作　裕　之	東京大学大学院法学政治学研究科教授
会長代理	弥　永　真　生	筑波大学ビジネスサイエンス系
		ビジネス科学研究科教授
委　　員	飯　田　秀　総	東京大学大学院法学政治学研究科准教授
〃	大　崎　貞　和	野村総合研究所未来創発センターフェロー
〃	尾　崎　悠　一	首都大学東京大学院法学政治学研究科
		法学政治学専攻准教授
〃	加　藤　貴　仁	東京大学大学院法学政治学研究科准教授
〃	河　村　賢　治	立教大学大学院法務研究科教授
〃	小　出　　篤	学習院大学法学部教授
〃	後　藤　　元	東京大学大学院法学政治学研究科准教授
〃	武　井　一　浩	西村あさひ法律事務所パートナー弁護士
〃	藤　田　友　敬	東京大学大学院法学政治学研究科教授
〃	松　尾　健　一	大阪大学大学院高等司法研究科准教授
〃	松　尾　直　彦	東京大学大学院法学政治学研究科客員教授・弁護士
オブザーバー	岸　田　吉　史	野村ホールディングスグループ法務部長
〃	森　　　忠　之	大和証券グループ本社経営企画部担当部長兼法務課長
〃	鎌　塚　正　人	ＳＭＢＣ日興証券法務部長
〃	陶　山　健　二	みずほ証券法務部長
〃	本　井　孝　洋	三菱ＵＦＪモルガン・スタンレー証券法務部長
〃	石　黒　淳　史	日本証券業協会政策本部共同本部長
〃	山　本　　悟	日本証券業協会自主規制企画部長
〃	塚　﨑　由　寛	日本取引所グループ総務部法務グループ課長
研　究　所	増　井　喜一郎	日本証券経済研究所理事長
〃	大　前　　忠	日本証券経済研究所常務理事

（敬称略）

外国為替証拠金取引のレバレッジ規制

神作会長　定刻より少し前でございますけれども、皆さんおそろいのようでございますので、ただいまから第4回金融商品取引法研究会を始めさせていただきます。

　本日は、既にご案内させていただいておりますとおり、飯田秀総先生より「外国為替証拠金取引のレバレッジ規制」というテーマでご報告をいただくこととなっております。

　それでは、飯田先生、早速ですけれども、ご報告よろしくお願いいたします。

［飯田委員の報告］

Ⅰ．はじめに

飯田報告者　お手元にレジュメと資料1、資料2というものがございますので、ご参照いただければと思います。

　まず「はじめに」というところからですが、外国為替証拠金取引については、取引金額の数％程度の証拠金を預託して取引を行うことになります。例えば1万米ドルを1米ドル100円で新規に買うという取引の場合には、取引の額、想定元本は100万円で、必要証拠金額がその4％の4万円となります。つまり、4万円の元手で100万円分のポジションをとることができます。レバレッジが効いている分だけ、その分、取引金額も大きくなるという関係にあります。必要証拠金率とレバレッジの上限というのは1対1対応の関係にあります。必要証拠金率の逆数がレバレッジの上限ということになります。ですから、必要証拠金率が4％であれば、レバレッジの上限は25倍になります。

　外国為替証拠金取引の証拠金率については規制がありまして、以下、レバ

1

レッジ規制と呼ぶことにいたします。レバレッジ規制は 2009 年の業等府令の改正によって導入されました。証拠金率はそのときの施行日の 2010 年 8 月 1 日から 1 年間は 2 ％、2011 年からは 4 ％の固定、レバレッジで表現すると、50 倍、25 倍ということになります。そのまま今日に至っています。

　この規制は顧客が個人の場合に限定されています。しかし、2016 年の業等府令の改正によりまして、顧客が法人である場合についてもレバレッジ規制が導入され、2017 年 2 月 27 日に施行されています。法人顧客の場合の証拠金率の規制は、証拠金率の計算方法が個人顧客の場合と異なります。通貨ペアごとに設定され、かつヒストリカル・データに基づいて、少なくとも週に 1 回見直しがされます。

　このレバレッジ規制は何を目的にしているのでしょうか。金融庁の説明を見ますと、顧客の保護、業者の財務的な健全性の確保、過当投機の防止というものが指摘されています。しかし、個人顧客の場合と法人顧客の場合とで、レバレッジ規制をかけること自体は共通していますが、その規制の方法、内容が異なっています。このことをどのように理解すべきでしょうか。このことを検討するのが本日の目的になります。

　この研究の意義ですが、1 つ目としては、外国為替証拠金取引の規制のあり方を考える際に意味があるのではないかと思います。特に 2018 年 6 月 13 日、本日の約 2 週間前に、金融庁の店頭 FX 業者の決済リスクへの対応に関する有識者検討会の報告書が公表されています。そこでもレバレッジ規制のあり方が論点の 1 つになっていました。そこでは直ちにレバレッジ規制を見直すのではなく、ストレステストを実施して、必要に応じて自発的に自己資本が増強されるかどうかの様子を見ることにされていましたけれども、いずれにしましても論点の 1 つにはなっていたということであります。

　それから、これもつい最近の動きですが、EU において、金融商品市場規則 40 条の商品介入権限に基づきまして、欧州証券市場監督局（ESMA）が、一時的な規制によりましてレバレッジ規制を導入しています。このように立法論としての関心が高まりつつある、あるいは高まっている論点ではないか

と思われます。

2点目としましては、ほかの取引にも応用可能ではないかということです。すなわち、ほかの取引と呼ぶかどうかわかりませんが、証券CFDの取引についても同様にレバレッジ規制が導入されていまして、その規制の構造は外国為替証拠金取引の場合とそろえられています。

また、最近の動きとしては、仮想通貨の証拠金取引が実際に行われているようであります。各社さまざまで、レバレッジ5倍とか15倍というところもあれば、100倍というところもあるようです。いずれにしましても、そのような動きに対して、法律が何か規制をかけるかどうかを考えるときにも1つの参考になるのではないかと思われます。

Ⅱ．現在の規制

レジュメのⅡ「現在の規制」をごらんください。規制がどのようになっているか、概観したいと思います。

まず個人顧客を相手とする場合の規制の根拠です。これも金融庁の説明によりますと、個人顧客に対するレバレッジ規制が導入された理由は、高レバレッジのFX取引には次の3つの観点から問題があるとされました。

1点目が顧客保護です。すなわち、ロスカット・ルールが十分に機能せず、顧客が不測の損害をこうむるおそれがある。2点目が業者のリスク管理です。すなわち、顧客の損失が証拠金を上回ることによって、業者の財務的な健全性に影響が出るおそれがある。3つ目が、過当投機ということです。

レバレッジ規制は業規制として行われていまして、業等府令の117条1項27号と28号において次の2つの形で規制をかけています。

1つ目が、新規の取引時における規制です。すなわち、通貨関連デリバティブ取引に係る契約を締結するときにおいて、個人顧客が証拠金等を預託先に預託した証拠金等の実預託額が、約定時必要預託額に不足する場合に、当該契約の締結後、直ちに当該顧客にその不足額を証拠金等預託先に預託させることなく当該契約を継続する行為が禁止されるというのが1点目です。

3

2点目が、証拠金率判定時刻における規制です。すなわち、その営業日ごとの一定の時刻における通貨関連デリバティブ取引に係る証拠金等の実預託額が維持必要預託額に不足する場合に、速やかに当該通貨関連デリバティブ取引に係る個人顧客にその不足額を証拠金等預託先に預託させることなく、通貨関連デリバティブ取引に係る契約を継続する行為が禁止されるという形になっています。

　約定時必要預託額及び維持必要預託額というのは、取引の額に4％を乗じた額または当該額に外国為替相場の変動を適切に反映させた額と規定されています。裏を返しますと、証拠金等の額の25倍までは取引を行うことができるということになります。4％という基準が設定されたのは、一番取引量の多い米ドル―円について、半年間ごとに見て最も変動の激しかった平成20年の下半期を基準に、1日の為替の価格変動をカバーする水準を勘案したとされています。また、通貨ペアごとに証拠金率を設定するのではなく、一律の規制としたのは、規制の簡明性の観点にあると説明されています。

　レジュメの2番目に行きまして、法人顧客を相手とする場合でございます。法人顧客と申し上げておりますが、条文上は、法人顧客という文言はございません。顧客のうち、個人、金融商品取引業者等また外国において店頭デリバティブ取引を業として行う者を除くという趣旨のことが書かれていますけれども、以下、これを法人顧客と呼ぶことにいたします。

　法人顧客に対しては従来、店頭FX業者が任意で証拠金率を設定していたのですけれども、相場急変時における未収金発生リスクへの対応など店頭FX業者の適切なリスク管理の観点から、法人顧客を相手方とする店頭FX取引について証拠金規制が導入されました。

　個人顧客と異なり、通貨ペアごとの証拠金率を設定することになった理由は、店頭FX業者のリスク管理の観点からの規制として導入されたからだと言われています。また毎週の見直しをする理由は、時々の相場の変動等を踏まえた必要証拠金率とすることが、FX業者のリスク管理の観点から望ましいからであると説明されています。つまり、個人顧客のレバレッジ規制と法

人顧客のレバレッジ規制とは、規制の観点がやや異なるという整理がされていると思われます。法人顧客のレバレッジ規制は、個人顧客の場合と同様に、約定時必要預託額、維持必要預託額という概念を用いて定められているのは共通します。個人顧客の場合と異なるのは、証拠金率の規定の仕方でありまして、為替リスク想定比率という概念によって定められています。

為替リスク想定比率とは、当該通貨に係る為替相場の変動により発生し得る危険に相当する額の元本の額に対する比率として、金融庁長官が定める方法により算出した比率をいいます。その定める方法というのは、定量的計算モデルを用いる方法とされております。

その内容ですが、片側99％の信頼区間を使用し、特定通貨関連店頭デリバティブ取引の保有期間を1日以上とするものとされています。

データの抽出要件として3つございます。1つ目が、直近26週の期間を対象とした数値または直近130週の期間を対象とした数値のいずれか高いものを採用すること。2つ目として、各数値に掛け目を乗じて得た数値でないこと。3つ目として、少なくとも毎週1回更新されること。この3つの条件の全てを満たすヒストリカル・データを使用するものとされています。

この計算方法の指定に基づきまして、金融先物取引業協会が計算して公表しています。その概要は次のとおりです。すなわち、各営業日における東京時間15時の前後2分30秒間の取引データに基づいて出来高加重平均価格を算出し、直近26週または130週の各営業日における変化率を計算して、その標準偏差を求め、片側99％の信頼区間をカバーするために、その標準偏差に2.33を掛け算して、26週または130週の値のうち、大きいほうの値を為替リスク想定比率としています。これを逆数で示したものが最大レバレッジとして表示されてもいます。

レジュメにあります図は、金融先物取引業協会が公表している2018年5月4日を基準日とする各通貨ペアの証拠金率レバレッジの一覧のデータを私の手元でグラフ化したものであります。左側の上のほうに「USDHKD」とありますが、香港ドルと米ドルの関係のようにペッグ制をとっている通貨に

ついては、レバレッジ1000倍以上ということになります。その他の通貨ペアの多くは50倍から100倍、想定比率でいえば1％から2％の間に多くが入っています。ちなみに、米ドル／日本円はレバレッジ67.56倍、ユーロ／日本円はレバレッジ70.42倍でした。

　次に、（3）で示している図は、金融先物取引業協会の公表しているデータに基づきまして、個人顧客と法人顧客の取引金額の四半期ごとの推移を示しています。ここでの狙いは、法人顧客についての規制も後から導入されましたので、そのときの影響がどうだったかを調べたいということです。入手できたデータが取引金額の合計額だけでしたので、差し当たりそれを使っています。

　点線と実線がありまして、点線が個人、実線が法人の取引金額になります。これをごらんいただきますと、明らかなとおり、グラフの真ん中が2012年ですけれども、そのころからほぼ平行的に推移していることがうかがえると思います。つまり、個人も法人も、その時々の環境に応じて、取引量をふやしたり減らしたりしていると思うのですけれども、その動き方が非常に類似していることがわかると思います。

　そこで、法人顧客に対するレバレッジ規制の前後で、取引金額がどれだけ変化したかを見ることで、レバレッジ規制の導入によって、取引金額が減少したかどうかを見てみたということでございます。

　詳細は省略しますけれども、右側の表で、difference in differences という手法で調べているのですが、統計的にも有意な形で法人顧客による取引金額が減少したと言えます。つまり、レバレッジ規制が個人顧客についてはもともと導入されていたところ、法人顧客についてはそれまではなかった。そこに法人顧客にも上限が入ったことによって、法人顧客の取引金額が有意に減少したということでありまして、そういうインパクトがあったということです。だからどうしたと言われると、何もそこにつながるのは当面はないのですけれども、後ほど紹介する、アメリカの実証研究でも似たような結果が報告されています。

6

3番目に、レバレッジ規制と関連する話としまして、ロスカット・ルールについて若干ご紹介いたします。

　条文は、金商法40条2号を受けての業等府令の123条1項21号の2及び21号の3です。この規制は、レバレッジ規制に先立って導入されました。「ロスカット・ルールの整備・遵守の義務づけ」です。導入された目的は、顧客が証拠金を上回る損失をこうむることや業者の財務に影響を与えることを防止するためであるとされています。この規制目的は、レバレッジ規制の目的と共通するところがございます。

　規制の概要です。金融商品取引業者等は、第1に、個人顧客がその計算において行った通貨関連デリバティブ取引を決済した場合に、顧客に生ずることとなる損失の額が、当該顧客との間で、あらかじめ約した計算方法により算出される額に達する場合、行うこととするその取引の決済（ロスカット取引）を行うための十分な管理体制を整備していない状況が禁止されます。第2に、個人顧客との通貨関連デリバティブ取引について、ロスカット取引を行っていないと認められる状況というのが禁止の対象にもなります。このような規制を受けまして、各種業者が実際にロスカット取引の仕組みを導入しています。

　ただ、「ロスカット取引の実態」をごらんいただきたいのですが、ロスカット取引を行えば、証拠金以上の損失が発生しないというわけではありません。また、そのような決済をすることまでは業等府令の条文上も要求されていません。日本の実務と思われるものにおいて、一般的なロスカット取引では、ロスカットの基準値を超えた場合に、当該ポジション決済するために必要な反対売買の注文が自動的に発注されます。この場合、原則としてその時点で業者等が配信している価格で約定します。そのため、右肩下がりの相場ですと、ロスカットのための注文もその右肩下がりの市場の中で成立することになりますから、ロスカットのトリガーの時点よりもさらに不利な価格で決済されることもあります。

　さらに、複数のカバー先からの配信レートの中から約定の可能性が高いと

考えられるレートを適用することがあり、顧客にとって不利なレートで約定することがあり得る旨の取引約款を用いているケースも多いように思われます。また、有効なレートが配信されていなければ、ロスカット処理に時間がかかることもあります。

また、値洗いの間隔で相場急変が起きてロスカット水準を上回る変動があると、値洗いのタイミングで決済したとしても、当然証拠金を上回る損失が既に発生してしまっていることもあります。

なお、ロスカット取引の決済とか、そもそもの価格形成のルールは、必ずしも明確ではないように思われますけれども、原則としては時間優先の原則及び価格優先の原則に依拠してマッチングしているようではあります。

ただ、例外的な取り扱いも行われる可能性があることが、約款や取引説明書において記載されている例が多いと思います。例えばインターバンク市場の実勢レートから1％以上乖離したバグレートの場合には、バグレートによって成立した取引を無効とする旨の約款規定が置いてある場合もございます。

これがロスカットの大体のイメージになります。

この他に、証拠金の区分管理方法の金銭信託の一本化というルールもございますけれども、これについては省略させていただきます。

Ⅲ．信用取引のレバレッジ規制

Ⅲの信用取引との比較ですが、ここもごく簡単に見ておきたいと思います。日本法においては信用取引のレバレッジ規制は従来から存在してきました。現在の規制では、信用取引については金商法161条の2が規定しています。信用取引の委託を受けた金融商品取引業者は、顧客から、内閣府令で定めるところにより、所定の率を乗じた額を下らない額の金銭の預託を受けなければなりません。内閣府令、信用取引府令では、保証金率は30％。ですから、レバレッジ3.33倍。かつ最低30万円以上ということになっております。

「信用取引制度の経緯」は省略しますが、日本の江戸時代からの伝統で張

合米取引があって、これは差金決済による先物取引であったというのはご存じのとおりでございます。

「保証金率の規制」です。証券取引法の立法の当時から保証金率の規制はありましたが、当初は顧客に供与できる信用の額は、大蔵大臣が定める率を超えてはならず、その率は55％を超えてはならないという規定の仕方になっていました。この規定の仕方は、アメリカの1934年証券取引所法7条に倣うものでございまして、その主な目的は、有価証券の買い入れに全国の信用が過度に利用されることを防止するということにありました。

ところが、日本では、当時のアメリカのように証券市場と金融市場との結びつきが密接ではなかったため、証券金融会社というものをつくって、それによる信用供与が行われるということになってございました。ですから、信用統制を行うために信用供与率を上下することは当時の日本では意味が薄かったと言われております。

そこで、昭和28年の改正によりまして、保証金率規制の下限を定めるという形の条文に改正されまして、30％を下らない範囲で定めることになりました。その根拠は、過当投機化の抑制と損害の担保を目的として信用取引を規制することができる形にするほうが、我が国の実情に即しているからだという説明が、河本先生、鈴木先生の教科書によってされています。黒沼先生のものも引用していますが、ここにおいて、過当投機の抑制と業者の保護ということで、外国為替証拠金取引におけるレバレッジ規制の根拠とされた要素の2つが既に登場していたということになります。

ここで鈴木先生と河本先生のものを手がかりに考えるわけですが、過当取引とは一体何なのかということですけれども、それについて明確なことは余り説明されていません。ただ、推測しますに、信用が過剰に供与されて、その信用を用いて投機取引が行われることを言うのではないかと思われます。その理由ですが、差金決済による先物取引は、融資または貸し株の制限がないために、無限の投機に導く可能性があることが指摘されていまして、それが根拠になります。また、信用取引の場合、第三者による信用供与が行われ

ますから、全体の信用量は制限されるわけですけれども、信用取引は投機取引であるその本質上、それが過当投機に利用されることを防ぐ必要があり、委託保証金制度は、信用取引の過度の利用を防止して、その運営の適正化を図るものとされるという説明があります。

ここで運営の適正化という表現の背後には、もしも信用取引が無制限、無秩序に行われると、証券市場の価格の騰落を激化し、投資者に不測の損害を与え、証券市場の機能そのものを破壊する危険を内蔵しているという説明もなされているところでございます。

レジュメの4は省略しまして、5「最低委託保証金制度」です。昭和42年（1967年）に導入されています。これは、信用取引を行う者は一口座につき、少なくとも15万円以上の委託保証金を必要とするとされました。その目的は少額投資者層の信用取引への参加を抑制することです。信用取引への参加資格を認められるのは、株価に対する的確な判断を下し得る知識と経験を有し、かつ相場の変動に十分対処し得るだけの資力的余裕を持つことが望ましいという判断が前提にあったようです。

この判断方法としましては、知識や経験の有無などを制度的にチェックするということもあるわけですけれども、これは事実上難しいことから、最低委託保証金制度が採用されたと言われています。もちろん、最低委託保証金制度のみでこの点のチェックが行われるわけでもなくて、その他の制度、すなわち、証券会社の顧客に対する勧誘態度もあわせて規制されることになっていました。

なお、昭和50年に改正されて、その額が15万円から30万円に引き上げられております。FX取引との比較でいいますと、この15万円とか30万円というような要件は、FX取引の場合にはありません。

Ⅳ．米国におけるFX取引のレバレッジ規制

話は変わりまして、Ⅳ「米国におけるFX取引のレバレッジ規制」をごらんください。

経緯について若干ご紹介します。レジュメ7ページの真ん中から下の「2001年から」というあたりをごらんください。いろいろ経緯はあるようですけれども、基本的に外国為替取引あるいはその証拠金取引を使ってさまざまな詐欺が行われていた。それに対応するためにCFTCがさまざまな闘いを演じてきたという経緯でございます。

　2001年から2007年の間に約2万6000人の投資家が詐欺に遭い、店頭デリバティブを使った外国為替取引の詐欺の結果として4億6000万ドルの被害が発生したことが、ある論文で紹介されています。そのような詐欺は、レバレッジを売り文句に投資家に持ちかけられていたようでございます。

　そこで、2008年のアメリカの商品取引法の改正によりまして、リテール向けの外国為替証拠金取引に対する管轄が、それまでなかったのですけれども、それがCFTCに与えられることになりました。そこで新たな登録類型のリテール外国為替ディーラーがつくり出されまして、最低資本金規制が課されました。

　その後、2010年のドッド＝フランク法を受けまして、CFTCはリテール向けの店頭外国為替取引についての規則を制定しております。詐欺禁止規定とか、リスクの説明書、継続的な最低資本金規制、リスク評価の記録の保存と報告などが規定されております。また先物協会への加入が義務づけられてもおります。

　2010年のCFTC規則5.9条で導入されたのがレバレッジ規制です。リテールFX取引の保証金について、先物協会の定める割合以上の保証金を顧客から集める義務を業者に課すというのが規制の概要です。

　この協会の定める割合は、メジャー通貨ペアについては2％以上、それ以外の通貨ペアについては5％以上でなければなりません。

　何がメジャー通貨ペアに該当するかは協会が決定し、また、年に1回以上は、メジャー通貨ペア・証拠金率の見直しをしなければならないという規定になっております。

　それを受けまして規定されているのが、全米先物協会（NFA）の規則に

なります。NFA がアメリカにおける唯一の協会でございまして、この改正を受けて、2010 年に NFA 規則のレバレッジ規則が改正されました。メジャー通貨ペアについては 2 ％、レバレッジでいえば 50 倍、そのほかの通貨ペアについては 5 ％、レバレッジでいえば 20 倍ということになっています。また、異常な市場状況の場合には、保証金率を一時的に引き上げることもできるという形の規定になっております。

　NFA におけるレバレッジ規制は、これに先立つ 2003 年から規則としては既に存在しました。すなわち、業者は当時から自発的に保証金を設定していまして、これが健全な実務慣行だと考えられていました。それがルール化されまして、メジャー通貨ペアについて当時は 2 ％、それ以外は 4 ％の保証金率とされていました。

　このルールは取引所において取引される先物取引の証拠金の規制とよく似ているわけですけれども、あえてマージンと呼ばずに、保証金と呼ぶこととされました。その理由は、証拠金の規制の場合には、預託された証拠金の分別管理が求められて、破産法において優先権が与えられるのに対して、NFA が導入する保証金のルールはいずれにも該当しないので、顧客がこれと誤解することを防ぐためということです。

　このルールは、顧客保護が目的ではなくて、業者の保護が目的だとされていました。つまり、ある特定の顧客が債務不履行に陥って、業者が倒産してしまうと、その結果としてほかの顧客の口座を危険にさらすことがあるところ、レバレッジ規制は、直接的には業者の保護であるという説明がされていました。

　2004 年の改正では、メジャー通貨ペアの保証金率が 2 ％から 1 ％に引き下げられています。さらに、同規則における資本金規制の額が 25 万ドル、または外国為替取引額合計の 1 ％の大きいほうの額ですけれども、それの 2 倍以上の純資産額を継続的に維持している業者については、レバレッジ規制の適用対象外とするという規制の緩和もされました。

　その際の考え方としては、レバレッジ規制は、規制目的、すなわち、業者

の保護との関係では必ずしも効果的ではないことが意識されたようです。すなわち、店頭 FX 取引のように、ディーラー・マーケットにおいては、ディーラー自身が取引の相手方に立つのであって、第三者や清算機関が存在するわけではなく、ディーラーの財務の健全性に問題が生じて困るのはほかの顧客であって、ほかの顧客を保護するためには、ディーラーの資本規制のほうが、より効率的かつ効果的な規制だと整理されました。

さらに、リテール顧客は、ポジションが相対的に小さいので、これらの顧客の債務不履行は、より広範囲の債務不履行をもたらすような壊滅的な出来事でもない限りは、業者の資本に重大な影響を及ぼす可能性は低いことも指摘されていました。

また、2009 年の改正がありました。今申し上げた規制緩和の部分について、その要件を満たすので、レバレッジ規制の適用が免除されていた業者があったわけですけれども、そこではレバレッジが 200 倍、400 倍、700 倍などと設定されていたそうです。それが問題視されたというのが 1 つです。また、レバレッジを 50 倍にしていた企業は、NFA や CFTC のエンフォースメントの訴訟の対象となったケースはなかったのに対して、それ以上に高いレバレッジを設定していた企業は何かとトラブルがあったことも指摘されていました。そのような改正の後、2010 年の先ほどのルールになっているというのが現状です。

レジュメに「実証研究」とあります。これは Heimer と Simsek の論文です。2010 年の米国のレバレッジ規制の導入を、差の差分析（difference in differences）によって実証分析を行っています。彼らは個別の取引データを見に行きまして、それを使って分析しているところに特徴があります。

その結論の概要は、レジュメにまとめたとおりでして、レバレッジ規制の導入の影響としては、取引高が減少したこと、また、FX トレーダーのネットリターンが増加したこと、及び FX 業者の資本が減少したことを明らかにしています。彼らの実証結果と整合的な仮説というのは、結局、高いレバレッジの取引を行う人たちは取引高も多く、したがって、FX 業者の売上高に貢

13

献する存在だったわけですけれども、同時に、その人自身は損をしていることが多いということでありまして、自信過剰バイアスに陥っているのではないかということです。自信過剰のトレーダーは高レバレッジの取引で利益を獲得しようとして大失敗するケースが少なくなかったと推測されるということになります。この研究は、実は次に見ますEUの規制のときにも引用されています。

Ⅴ. EUにおけるFX取引のレバレッジ規制

そこで、EUにおけるFX取引のレバレッジ規制ですが、これについては今年の6月1日にさまざまな報告書等が公表されました。

現在EUでは、FX取引について、次のような規制が導入されることが決定しています。エンフォースされるのは8月1日からです。

1つ目としまして、レバレッジ規制が導入されます。メジャー通貨は30倍、マイナー通貨は20倍です。この20倍という数字は、ほかの商品、すなわち、金とか主要なインデックスなどと同じです。ちなみに、同時にさまざまな規制も導入されまして、そのほかの商品についてはレバレッジ10倍、個別のエクイティについては5倍、仮想通貨については2倍です。これらの倍率が段階的に設定されているのは、原資産のボラティリティに従っているからです。

ESMAは過去10年のデータからランダムにサンプルをとって、スプレッドなども考慮に入れて、ロスカット取引の発動する確率が5%となるようなレバレッジを、シミュレーションを使って算出しました。

2つ目としては、必要証拠金の50%をトリガーとするロスカット取引の強制ということになります。この基準点を一律に定めているところは日本とは違うところかと思います。

3つ目が、マイナス残高保護規制（negative balance protection）です。これは、顧客の損失を、証拠金を限度とするという規制です。ですから、預けた証拠金以上の損失が発生したら、その損失分は業者が負担することにな

ります。これも日本には存在しません。

　4つ目としては、警告文の掲示です。損をした顧客の割合が何％いるかを開示しておくことが求められています。

　これらの規制が導入されることの根拠として、一番強調されたのは、これはFXに限らないわけですけれども、平均的にCFD一般において顧客が損失をこうむっていることが、各国から報告が上がってきたことが指摘されています。

　2つ目に、レバレッジについて特に規制をかけることの意味としては、レバレッジが大きければ大きいほど、重大な損失のリスクも大きくなることが指摘されています。そのときに、先ほど紹介したアメリカをサンプルとした実証研究が、これはまだワーキングペーパーの段階だったと思いますけれども、引用されて議論されています。

　3つ目としては、顧客が問題となっている商品のリスクと投資コストを適切に理解していないことが多いことです。リスクとして、証拠金以上の損失が発生することは、当然それぞれの国の規制等で開示されているわけですし、説明もされているのですけれども、顧客はそれを全く理解してないことが多いということです。つまり、説明されても理解できないことが比較的強調されております。

　また、規制の導入に際して、金融商品市場規則上、こういう規制を入れるときには、規制のアービトラージが生じないようにしないといけないとのルールがあるわけですが、その中で日本としてはやや見逃せない指摘がございます。それが載っているのは、注の21の文献の12ページです。IGグループという業界の最大手が行った日本の顧客の調査によると、日本がレバレッジ規制をかけていることの影響はどうだったのかということを調べたようですけれども、それについて「3分の1の顧客は、日本以外の業者を使っている」というフレーズがあります。EUで規制しても、EU域外の業者に顧客がシフトするリスクがあるのではないかという文脈で日本のことが例に出されています。仮に日本の顧客の3分の1が海外の無登録のFX業者と取引し

ているとしますと、日本のレバレッジ規制は、現実においては相当程度脱法されていることになりそうです。

VI. 検討

　最後に、「検討」というところです。以上を踏まえて、冒頭の問題に関して、私が思いついたことを羅列的に申し上げたいと思います。

　まず1つ目として「個人と法人の区別」についてです。現行のルールでは、顧客が個人か法人かで区別して、異なる規制内容となっています。ただ、この線引きに合理性があるのかということが必ずしも理解できません。つまり、個人顧客であれば、その者がたとえ特定投資家など何らかのプロであったとしても、個人顧客に対するレバレッジ規制が適用されます。その理由は、レバレッジ規制の趣旨には、業者のリスク管理とか過当投機への対応という要素が含まれていて、顧客保護だけに尽きるものではないからだという説明になっています。この規制の趣旨を言うのであれば、規制の対象を個人だけに限定して、当初、平成21年改正のときに規制を導入したことはやや整合性を欠くのではないかという批判が、梅本先生によって既になされているところであります。

　また、法人顧客の規制に際しては、業者等のリスク管理が特に強調されて指摘されていました。もちろん、レバレッジ規制を導入することには、顧客保護の機能もあるわけですから、顧客保護の観点が無視されているということは決してないと思いますけれども、個人顧客よりも顧客保護の要求を減らすような形での規制の導入が許されている理由は何でしょうか。顧客が法人だから投資判断の能力が高いという理由なのかもしれません。けれども、特定投資家に該当する個人とかプロの人のほうが、投資経験のない素人しかいないような法人よりも、顧客保護の必要性が高いとは考えにくいようにも思われるわけです。同様に、過当投機についても、個人か法人かでレバレッジの水準を区別する理由があるのかということについては疑問があるように思います。

したがいまして、よくわからないというのが結論なのですけれども、もう少し個別に見ていきたいと思います。

　まず「顧客保護」という観点です。これがレバレッジ規制導入の際の1つの理由として指摘されていたものです。他方で、アメリカでは、NFAの規則において、レバレッジ規制は、顧客保護というよりも業者保護を主眼に置いているという形で導入されたわけですから、顧客保護とは一体何なのかを検討します。

　まず「レバレッジ規制とマイナス残高保護は異なること」ということです。レバレッジ規制が導入されましても、顧客が不測の損害をこうむる程度が小さくなるということは言えると思いますけれども、そのおそれを完全になくすことはできません。つまり、程度の問題です。なぜかといいますと、ロスカット・ルールが機能しないということが問題だとしましても、そもそもロスカット・ルールというのは、ロスカットのために顧客の建て玉を決済するために、必要な取引の発注を強制的に業者が出すということにとどまるわけです。つまり、顧客の損害が証拠金よりも大きくなる可能性があることは、これらの規制においては当然に前提あるいは容認されていたはずであります。一定割合以上の損失を顧客が負担せずに、業者等が負担するというEUのタイプのマイナス残高保護という規制も考えられるところですけれども、これは損失補填契約であって、金商法39条についてさらに検討する必要があることになるかと思います。

　また、リスクの説明ですが、投資者保護という視点から見ていきますと、ロスカット取引の仕組みがどのようなものであるかとか、レバレッジが高いことによるリスクはどのようなものであるかについて、十分な説明がされているかを見れば、投資者保護の観点からは十分だというのが、投資者保護の金商法における伝統的な議論だったと思います。

　確かにアメリカやEUの規制においては、この商品のリスクの説明として文言が規定されています。資料1と2がございますので、ごらんいただければと思います。

資料１がアメリカのものでして、「RISK DISCLOSURE STATEMENT」とございます。こういうものを掲示しないといけないということです。「RISK DISCLOSURE STATEMENT」の３行目あたりですが、レバレッジのせいで、保証金以上の損のリスクがあることを指摘した上で、FX取引はあなたにとって適切か、以下の点をよく考えなさいと書かないといけないことになっています。

　資料２がEUの場合でございます。「Risk Warnings」と書いてあります。SECTION B、C、D、Eとございますが、例えばSECTION Dでいきますと、74％から89％のリテール投資家はCFD取引によってお金を失っていることを掲示しないといけません。

　いずれにしましても、取引をかなり萎縮させるフレーズを使わないといけないことになっているように思います。

　これは自信過剰バイアスにかかっている人たちがいることを前提にしますと、そのバイアスから解放するには、これぐらい逆方向に振った厳しいものが必要ということなのかもしれません。

　現在の日本の場合ですと、契約締結前交付書面で、保証金を上回る、元本を上回る損失のおそれがあるときには、例えば12ポイント以上で記載しないといけないとか、そういう規制はありますけれども、損をするかもしれないからやめたほうがいいのではないかという趣旨のことまでは要求されていないと思います。ですから、アメリカやEUがこうなっているときに、日本はこのままでいいのかというのは１つ論点にはなると思います。

　ただ、そのことと、レバレッジ規制が直接的な関係があるとは当然には言えないと思われます。リスクの説明の仕方は検討の余地がありますけれども、そのことがレバレッジ規制の合理性を裏づけるものとは言えないと思います。

　また、伝統的な意味では、投資者保護は、投資家に損失を与えないという意味ではないと考えられてきたと思います。したがって、ロスカット・ルールが十分に機能せずに顧客が不測の損害をこうむるおそれがあるということ

18

の意味は、顧客が損害をこうむることを防止する趣旨ということだとしますと、伝統的な意味とは違う意味内容だったということになります。

　また、これは松尾先生のご論文の表現だったと思いますが、金商法の制定のころあたりから、法、裁判所及び金融行政において、投資者のパターナリスティックな姿勢を強化する流れがあるということが確かに指摘されています。そうだとしますと、従来の投資者保護の概念が変容を受けてきており、それがレバレッジ規制でもあらわれたにすぎないという現象だということかもしれません。少なくとも伝統的な投資者保護で語られてきた意味とは違うような意味として、レバレッジ規制における顧客保護の意味を理解する必要があると思います。

　（5）ですが、高レバレッジの外国為替証拠金取引は、商品それ自体として、一般の投資家との関係性では、商品性のレベルで類型的に適合性を欠くので、レバレッジ規制によって市場から排除しているという考え方なのかもしれません。EUにおいて、FX取引に限らず、CFD一般に投資家は平均的に損をしていることが指摘されたり、ハイリスクであるとか、顧客が商品のリスクコストを理解していない、あるいはできないことが特に強調されていることは、このような考え方と整合的です。もちろん、適合性の原則は、不適合な投資家の市場への参加禁止というのが通常の言い方ですけれども、ここではこれを裏返して表現しています。

　また、日本法において、もともと歴史的には不招請関与の禁止が先に外国為替証拠金取引について導入されていますから、特にFX取引関係については厳しい規制を導入してきた経緯もございます。そういう一環としてレバレッジ規制が追加されたという位置づけのほうが、もしかしたら正確なのかもしれません。

　（6）ですが、アメリカの歴史を見ますと、1つの指摘としては高レバレッジと詐欺の頻度が相関的関係にあったようです。そのことも類型的に、レバレッジの高い商品を市場から排除する必要性を示唆しているとも言えます。日本においても社会問題があったことは周知のとおりです。ですから、この

レバレッジ規制も、悪徳業者を排除するための手段として使われた可能性があるということです。

　最後に「過当投機」です。過当投機という概念が具体的に何を指しているのかは必ずしも明らかではなかったように思われます。FX取引のレバレッジは、規制がなければ無限に大きくなり得るものではあります。過当取引がそのような意味だとしますと、つまり、無限に大きくなることを防ぐということだとすれば、FX取引は一般的に過当取引のおそれがあると言えるとは思います。しかし、もしも過当投機を防止すべきだということだとすれば、個人顧客のみならず、法人顧客についても同様だということになるわけですけれども、現行法では個人と法人で区別されていますから、このような説明ができるかは疑問があります。

　あるいは高レバレッジの取引は賭博であって、公序良俗に反する取引だという意味で過当投機と呼ばれているのかもしれません。現に裁判例において、外国為替証拠金取引は賭博に当たるとしたものが複数存在します。これは金融先物取引法等による規制がかかる前だったと思います。

　ただ、そのような意味だとしますと、高レバレッジの取引は、客観的な性質上、賭博であるということで、顧客が個人か法人かで区別できないわけですから、これも説明にならないのではないかと思います。区別する理由があり得るとすれば、法人の場合は、外国為替のレートの変動をヘッジする、実質的な経済合理性のあるヘッジ目的があることが少なくないから、社会通念上、合理的な経済活動であって、賭博には当たらないという理由も考えられると思います。ただ、そうだとしましても、法人顧客がヘッジ目的以外の投機的な目的で外国為替証拠金取引を行いますと、これは賭博を行っていることになりますから、法人、個別で区別することの説明にはなりません。したがって、賭博という観点から現行法で説明できるわけでもありません。

　また、賭博かどうかについては、平成24年3月21日の東京地裁の判決では、賭博には当たらないとされてもいます。その理由としては、金商法等の関係法令による諸規制を遵守している限りは、FX取引を行うこと自体が違

法との評価を受けるものではないとして、賭博には当たらないとされています。ただ、このロジックですと、金商法で定めがあるから、正当な行為であるという話ですから、もし金商法で定めがなければ賭博に当たることになります。金商法の設計としては、こういう賭博的な性質も考慮して、ルールを設計していく必要があるということになるかと思います。

　それから、レジュメの12ページの注の30ですが、レバレッジの高さが賭博に該当するかどうかの考慮要素になるという見解もございました。また、外国為替証拠金取引は射倖行為に当たるので、破産法の252条1項4号における破産免責の不許可の事由に該当するということの一要素としてFX取引が指摘されることもあるようです。競馬やパチンコとFX取引が並んでいるということです。したがって、射倖行為であることは少なからず明らかではあります。ですから、過当投機だという観点から規制していくことはもちろん考えられるところではあるのですけれども、それを現行法との関係でうまく説明できるだろうかというところがよくわからないということになります。

　最後ですが、「業者の財務的健全性」です。業者のリスク管理の観点からレバレッジ規制を導入するという説明があったり、アメリカでもそのようなことが言われていたわけですから、そういう観点からどうかということです。業者等が純粋に経済合理的に行動することを考えますと、利益が最大になるようにデリバティブ取引の仕組みを設計するはずです。そうだとしますと、業者等が適切なレベルのレバレッジ、顧客がどのぐらいリスクをとれるかということを考えた上で受け付けるレバレッジを設定し、またロスカット・ルールを設定して、業者等がみずから過大なリスクをとらないようにすることを一応期待することはできます。そうだとすると、レバレッジ規制がそもそも必要なのかということも疑問の余地はあるかと思います。

　それに対する回答としては、業者等は株式会社です。つまり、第一種金融商品取引業ですので、株式会社でなければ登録できません。そうしますと、株主有限責任原則もありますので、破綻時に生じるコスト（外部コスト）を

株主は十分に考慮しませんから、社会的に見て最適なレバレッジが設定されない可能性があるのではないか。つまり、業者あるいは株主にとって利益最大化になるけれども、負の外部性のようなものは考慮しないわけですから、業者の自由に任せておくわけにはいかない。だから、規制を導入するのだという形でレバレッジ規制を正当化できるようにも思います。ただし、立法者が最適なレバレッジの水準のルールを設計できるのか、これまた自明のことではないことは言うまでもありません。

（2）に行きます。業者の財務的な健全性を確保するということで、ほかにどのような規制があるかということですけれども、レバレッジ規制は、それらの規制を補完するような形で機能するのではないかということです。

1点目は、最低資本金額の規制です。ただ、資本金額が規制されていれば、業者の財務的な健全性が確保されるか、あるいは顧客との関係で、顧客から見て、要するに、債権者にとっての保護が果たせるのかについては議論があるところだと思います。もっと言えば、資本金額による規制にどれほど意味があるかはかなり疑問があるわけです。資本金額は、過去にそれだけの出資があった事実を表示するにとどまって、現在の時点での資産の存在を裏づけるものではありませんから、業者の財務的な健全性の規制としての意義は限定的であると思います。なお、過去に一定規模以上の出資を集めたという事実は、一定の出資者の信用を集めたことを意味するわけですから、詐欺をもくろむような業者には、このような信用が集まらないのではないかと思われます。そうだとすれば、悪徳業者をスクリーニングするという機能もあるわけです。ただ、この金額で足りるのかは、やや検討の余地があるかとは思います。

2つ目としては、業者は、株式会社であって、取締役会設置会社であって、監査役設置会社、監査等委員会設置会社または指名委員会等設置会社でなければならないわけですけれども、このようなガバナンス形態をとっていれば財務的な安定性が確保できるわけでもないわけですから、これでも十分なものとは言えません。

3つ目としては、純財産額の規制がありまして、純財産額が最低資本金規制と同様の額を下回ることが禁止されるという形になります。これは現在幾らか持っているかという話に近いわけですから、これは有意義な規制ですけれども、この金額で足りるのかということは1つ問題かとは思います。

　4つ目としては、自己資本規制比率が120％を下回ることが規制されています。この規制が恐らく最も有意義だと思いますけれども、相場の急変時に、予期せぬリスクが具体化したときに、果たして十分かということを考えたときには、100％完璧ということはあり得ません。

　このように既存の業者規制だけでは、相場急変時の破綻リスクの対応としては完璧とまでは言いにくいということだとしますと、レバレッジ規制があるほうが、そのリスクを少しは低減できるとすれば、これらの規制と補完し合い、協調し合いながら機能することが期待されているのではないかと思います。

　したがいまして、結論めいたものは特にないのですけれども、結局レバレッジ規制が何のためにあるのか、現行法のレバレッジ規制がどのようなこととして説明できるかについては、明快な答えが見つけられなかったわけです。けれども、現在レバレッジ規制の見直し、あるいは世界的には動きもあるところでございますから、この際、レバレッジ規制の目的あるいは意義、機能といったことについて、再検討の余地があることが示せたとすれば、差し当たりそれだけが結論ですということでお許しいただければと思います。

討　議

神作会長　ほとんど研究のない分野についての大変貴重なご報告をいただきました。どうもありがとうございました。

　それでは、どなたからでも結構でございますので、ただいまの飯田先生のご報告に対しまして、ご質問、ご意見を頂戴できればと存じます。

河村委員　本当にありがとうございました。大変勉強させていただきました。今アメリカの規制の話が出ましたので、それに関連してまずは確認させてい

ただければと思います。

　例えばレジュメの 10 ページに「NFA のレバレッジ規制の趣旨」として、これは顧客保護ではなくて業者保護であるということですが、9 ページの「2009 年改正」のところで、レバレッジが高いところというのは詐欺をしている可能性が高いのではないかという形で適用免除規定が削除されたのだとすると、先生がおっしゃるように、11 ページの「詐欺の代理変数としてのレバレッジ」ということも、アメリカの規制の趣旨の中には含まれている。そういう意味で言うと、業者保護だけではない要素というのが、アメリカの規制の中には含まれているということで理解していいのかというのがまず第 1 点です。

　それから、同じくアメリカの規制に関して、CFTC の 2010 年の規則は、確かにリテールの FX 取引ということですけれども、その後、2015 年でしたか、NFA が規則改正をして、必ずしもリテールに限らず、レバレッジ規制をかけるということだったように思います。それが業者保護という観点から一番説明できることなのかなと思います。

　そうすると、先生がおっしゃっているように、日本で個人と法人に分ける意味というのが本当になくなってくるのではないか。レバレッジ規制というものが業者の財務の健全性確保という点にあるとすると、先生がおっしゃるように、個人と法人に分ける必要性もなくなってきて、特に日本の場合、先生もご存じかと思いますけれども、法人口座がすぐにつくれますよみたいな形で、個人が法人口座に誘導されて、高いレバレッジで取引できるとか、あるいは個人のほうは、レバレッジを上限確定してしまっていますから、場合によっては、有事の場合には、実は法人のレバレッジ倍率のほうが厳しくなってくるとか、変なことが起き得るのかなと思いますので、法人と個人で分ける必要性があるのかという先生の問題意識は、私も本当にそのとおりだなと思いました。

　アメリカのところを少し確認させていただければと思います。

飯田報告者　1 点目がご質問だと思いますが、まさにそのとおりでして、

NFA だけでつくっていたときは、「業者の保護ですよ」と言っていたほうが規制をつくりやすいといった事情もあったのかもしれませんが、詐欺的なものを封じることは NFA の説明書の中にはあまり登場しなかったと思います。CFTC は、詐欺との戦いをやってきましたので、それを前面に押し出す形で改正が行われたと思います。ですから、最近の流れとしては、業者保護がベースにありつつ、顧客保護というか詐欺防止という観点がかなり強調されるようになったと思います。

　２点目については、法人顧客のほうが論理的にはレバレッジが25倍を下回ることが可能性としてはあります。実際、業者さんの中には、25倍か、法人顧客に対する規制によって計算される率か、いずれかのうち低いほうを適用しますという会社もあります。そういう場合ですと、まさに法人のほうが保護が厚いと言えるのかわかりませんが、少なくともレバレッジ上、低いものになって、ある意味、逆転現象が起きます。

河村委員　先生のきょうの話からはちょっと外れてしまうかもしれませんが、日本の規制のあり方としては、個人、法人を問わずに例えば過去のヒストリカルなデータをベースにしたレバレッジ規制をまずかけておいて、その上で、プロでないアマの個人に対しては何か上限規制とかそういうものを考える。さらには、有事の場合、例えば政治的なイベントが予定されていて明らかに相場が変動しそうだといったときには、アメリカの NFA のような形のレバレッジ倍率の引き下げ措置を制度として設ける。そういうものがよろしいのでしょうか。

飯田報告者　レバレッジ規制に非常に意味があるという前提で議論すると、まさにおっしゃるとおりだと思います。今おっしゃった方向性が非常に合理性のある規制になるのではないかと思います。問題は、レバレッジ規制はそもそも役に立つのかということです。そこが必ずしも明らかでないというところが本日の報告の趣旨です。

小出委員　大変勉強になりました。ありがとうございました。

　最後のところの、レバレッジ規制は業規制の補完、特に業者の財務的健全

性の規制に対する補完ではないかというご指摘は、私も実際にはそのとおり
の部分が恐らくあるだろうと思います。そうだと考えると、レバレッジ規制
というよりもむしろ預託金規制というか、レバレッジの上限に規制をかける
というよりは、取引の何%かの証拠金を業者のほうに提供させておいて、有
事に備えておくべきという規制であるとの理解になると思います。そういっ
た理解のもとで、現行の第一種金融商品取引業者の健全性規制が必ずしも十
分ではないということを前提として、レバレッジ規制はそれを補完している
のではないかというご指摘だったと思います。

　そうすると、これは変な質問かもしれませんが、逆に言うと、相場変動時
におけるFX業者の健全性を確保するための規制は、どういう規制だったら
十分なものと言えるのでしょうか。例えば金融商品取引清算機関の場合につ
いて言うと、金商法156条の10に、清算参加者が損失の全てを負担できる
体制を確保しなさいという条文があります。あれは参加者による一種の無限
責任を定めた条文だと指摘されているわけです。もちろんFX業者の場合は、
顧客の特徴を考えても無限責任というのはあり得ないと思うのですが、あの
ような完璧に近い体制までを求めるということをやることが望ましいのか。
あるいは、健全性規制は、別に十分である必要はそもそもなくて、実際、た
とえばEUとかアメリカにおける清算機関の規制は無限責任の規定にはなっ
ていません。代わりに預託金規制が中心に置かれています。ですので、FX
業者も健全性の観点から今のような預託金規制というか、レバレッジ規制を
置くことで十分だとお考えなのか。つまり、業者の健全性確保のためにどう
いう制度設計が望ましいと飯田先生はお考えなのか、教えていただければと
思います。

飯田報告者　そこは余り考えていなかったのですが、100％保証できるよう
な体制を求める必要はないのではないかという気がします。FXの場合に限
らず、世の中にはたくさんのリスクがあります。リスクが過大になっている
と非常に問題だと思いますが、リスクの全てについて、業者レベルで対応し
ないといけないということは当然には言えないわけです。そこを超えて一体

どういうレベルの規制をつくればいいのかということが小出先生のご関心だと思いますが、少なくとも100％の安心を保証する必要まではないのではないかというのが現時点での感触です。

大崎委員　今の小出先生のご質問に関連して、確かに小出先生がおっしゃるように、清算機関は法律上は参加者の無限責任ということでリスク管理をしていることになります。ただ、実務的には、基本的には取引の多い2社が同時に破綻した場合の最大損失を計測して所要の清算預託金を確保するという格好でやっています。その意味では、業者のレベルでのリスク管理もそれに近いようなことは考えられないのでしょうか。個人を相手にしているところで、取引高の多い人が2人破綻したというぐらいではだめだと思いますが、例えば顧客の何割が破綻状態に陥った場合にも耐えられるようにするとか、そういうことも1つ制度設計としてあり得るのかなと思ったのですが、いかがですか。

飯田報告者　あり得ると思います。

小出委員　今、大崎先生がおっしゃったとおりで、特に清算機関におけるアメリカとかEUの規制は、業者が負うかもしれないエクスポージャーを非常に細かく計算して、それに基づいて規制をかけるという手法をとっているのです。ご報告中に飯田先生にご説明いただいたようなレバレッジの計算の方法は、ある意味ではそういうストレステスト的な計算に基づいてそういうことをやっていると思うので、そういう側面が強くなってきているのかなという気はします。

　他方で、これはコメントですけれども、そのようにレバレッジ規制が、非常に厳密に計算された上で、財務的健全性規制への補完として機能しているのだとすると、逆に、今の第一種金融商品取引業者の健全性規制、特に資本金規制は、ご報告中にもご指摘がありましたけれども、余り意味がないのではないか。清算機関ももともと最低資本金規制はなかったのが平成22年金商法改正で入ったのですけれども、あれも余り意味があると私は思っていないのです。それと同じようなことが言えて、むしろ今のレバレッジ規制のよ

うなものを根幹に据えて、業者の健全性規制を考えるべきではないかと個人的には考えています。

加藤委員 小出先生のご指摘と関係するかと思いますが、FX取引のレバレッジ規制と、店頭デリバティブ取引の証拠金規制は、何か関係があるのでしょうか。一見すると、業者のリスク管理という点では共通点がありそうです。店頭デリバティブ取引の証拠金の規制は複雑ですが、そこで利用されている規制手法は店頭FXのレバレッジ規制を検討する際にも参考になるのか、それとも両者は全く目的が違う規制なのか教えていただければと思います。

飯田報告者 店頭デリバティブのほうが複雑になっているというのは、たとえばどういうことでしょうか。

加藤委員 例えば当初証拠金と変動証拠金という2種類の証拠金がありますし、主に事業者同士のデリバティブ取引を想定しているからかと思いますけれども、当事者間でネッティングが認められる条件が厳格に決められています。こういった手法は、個人顧客を相手方とする場合には無理かもしれませんが、法人顧客の場合には参考になるものなのでしょうか。

飯田報告者 必ずしもご質問を正確に理解できていないのですけれども、FXの場合には、例えば通貨ペアごとに計算するのか、口座ごとに計算するのかとか、そういうレベルでは似たような議論があるのではないかという気はします。ネッティングができるかどうかということがFXの場合に当てはまるかということですか。

加藤委員 ネッティングは1つの例です。例えば店頭デリバティブ取引の場合だと、さきほど小出先生がおっしゃった清算集中の話もありますが、リスク管理の手法の詳細を規制が定めているように思います。そこで採用されている手法は、FX取引の場合にも利用可能なものなのか。質問を言い換えると、FXの市場と、店頭デリバティブ、特に通貨関連のデリバティブ取引の市場を比較した場合、両者はどのくらい似ているのか、また、似ていないのかということになるかもしれません。

飯田報告者　FX 以外のデリバティブの場面と大きく違うのは、FX の場合、圧倒的に一般消費者が取引の中心を占めているということです。けれども、そうは言っても、取引の規制の仕方自体は同じような方向性でするということはもちろんあり得るのではないかという感触です。

松尾（直）委員　非常に精緻なご検討をいただきまして、ありがとうございました。

　私も、金商法の本にはそのまま書いているのですが、金融庁が証拠金率規制の目的として3つ挙げていることにはもともと違和感がありました。それはなぜかというと、1つは、金商法の目的は私の説だと投資者保護と市場の健全性の確保です。業者の健全性の確保ということ自体は、業者を登録制にした段階で直接的な目的から引いているのです。なぜ業者の健全性を確保する必要があるのか。

　しかも、健全性を確保する手法としては、最低資本金規制、純財産規制、自己資本規制比率と、そろえています。先ほど見ていたら、今回の金融庁の有識者会議の報告書も業者のリスク管理ということを強調しています。登録制にしたのだけれども、金融庁の本音としては、業者、特に一種業者を破綻させたくない。だから、実際にも潰れない。とにかく潰さないように最善の努力をするというのが金融庁なので、そういう発想なのかなと思います。過当投機の防止も何かよくわからない。投資者保護の一部か、市場が荒れるのを防止するか、市場の健全性の確保の一部かに還元できるのではないか。私はレバレッジ規制については端的に顧客の保護だと思っています。

　2点目は、最初は個人だけに入れて、今は法人に入っているのですが、もう1つの FX の証拠金規制の特徴として、取引所取引にも入っているのです。河村先生はよくご存じだと思いますが、東京金融取引所の方々は「何で有価証券関連の市場デリバティブ取引に倍率規制が入っていないんだ。差別だ」と言っていて、それは経緯からしていたし方ないと私は説明しているのです。

　横に並べてみると、日本取引所グループの大阪取引所における株価指数先物取引に倍率規制は入っていません。証券の店頭の CFD にしか入っていま

せん。これは何でなのか。経緯論では説明できるのですが、先生のお考えを伺いたいところです。投資者保護を主眼として、それほど損はないのかというのは、実証研究を知らないので、私にはよくわからないのですが、多分FXのほうが損をする人が多いからだろうと想像しています。そうすると、やはり顧客の保護であろう。これが2点目です。なぜFXだけ市場デリバティブ取引も倍率規制の対象になっているかという論点があるのです。

　3番目は、先ほどちょっと加藤先生がおっしゃったことと関連しますが、国際的には、リーマン・ショック以後、店頭デリバリティブ取引の規制強化ということで、手法としては、できるだけ清算機関を利用させる、非清算取引については証拠金規制を入れるという方向です。ちょっと調べたのですが、その証拠金規制については標準的な率が公表されていて、商品によって倍率が違いますが、FXは6％、16倍です。

　国際的にそういう議論がある中で、日本は、店頭デリバティブ取引全体というよりはFXだけに注目した規制が多いのです。非清算の店頭デリバティブ取引の規制は入っていて、今、加藤先生がおっしゃった方向だと思いますが、加藤先生の疑問は、なぜそれだけで終わらないのかということで、個人的には、飯田先生もおっしゃいましたが、個人の射幸取引が多いから、私の言うところのパターナリスティックな顧客保護だとしか説明しようがないと思っているのに、いきなり業者のリスク管理とか、業者保護とか言い出して大変わかりにくい。細かいところはよくわかりませんが、先物協会の自主規制でやらせるよりは、自己資本比率規制でもいじったほうがすっきりすると思うのです。飯田先生の方向感、お考えは大体わかりましたが、その辺の先生のお考えを改めて教えていただければと思います。

飯田報告者　1点目について、私としても異論はありません。法人顧客の場合との違いといったあたりまで含めると、よくわからないところがあるのではないかと思いますけれども、パターナリスティックな顧客保護として存在するというのが、現行法の基本的なルールの骨格部分にあると思います。

　2点目のご質問の、なぜなのかということについて理屈があるのかという

ことですが、FX の規制が純粋にパターナリスティックな顧客保護のために規制するということだとすれば、ほかの商品については、そのような必要性が発生している立法事実がまだないというのが恐らく1つの説明かと思います。

　3点目については、業者の財務の健全性という話、あるいは最近の金融庁での有識者会議の報告書で問題になっていたのは、FX の取引が非常に大きく膨らんでいるマーケットがあって、そこで何かトラブルが起きたときにインターバンク市場にまで悪影響を及ぼさないか、そこまで考えての議論だったのではないかと推測していますが、いずれにしても、そういう話とレバレッジ規制はかなり距離感のある話ですから、有識者会議の報告書の結論も非常に妥当だったと思いますが、自己資本比率規制をより実効性のあるものにする――そのようにつくれるのかどうかよくわかりませんが、そういう方向性が1つあるのではないか、レバレッジ規制で全てが解決できるとはとても思えないと考えています。

大崎委員　パターナリスティックな介入ということが、説明として一番わかりやすいのではないかという今のお話については、私もそう思っています。実際、今回の有識者会議の議論で、証拠金倍率の規制が厳しくなるのではないかという憶測が流れたときのネット言論を見ていますと、そうした規制を行うことに対しては、実際に取引を行っている投資家はみんな基本的に反対なのです。それを何もわからない子どもが反対しているというような理解に基づき、そういうものはきっちりやったほうがいいと言う。それがまさにパターナリスティックということなのだろうなと感じた次第です。

藤田委員　今のやりとりの延長のような話ですけれども、仮にパターナリスティックな規制ということでこの規制を考えていく――本日の報告は必ずしもそういう方向ではなかったと思いますが、仮にそういうことで考えていく――とすると、レジュメの11ページに書かれていた日本の契約締結前交付書面、広告規制の不備は、こういう発想からは最も問題がある点のように思えます。

たとえば、アメリカの "Risk Disclosure Statement" には、"YOU SHOULD BE AWARE OF AND CAREFULLY CONSIDER THE FOLLOWING POINTS BEFORE DETERMINING WHETHER SUCH TRADING IS APPROPRIATE FOR YOU." とあって、「こんなものを買っていいのか、よく考えてから買いなさい」と言わんばかりの文言です。まるでたばこの外箱に書かれている健康への影響に関する警告文を思わせるような表示で、まさにパターナリスティック的な発想での広告規制、単なる情報開示に尽きないない性格のようです。

　飯田先生は、投資勧誘に関する日本の判例・立法が一般的にパターナリスティックな姿勢を強化しつつあると言われました。確かにそういう一般的な流れもあるのかもしれませんが、それとは別に、投資家の自己決定がゆがめられるような傾向がある特定の局面については、通常とは異なった規制があってもそれほど不思議ではない。賭博はその典型で、自分でもとめられないようなアディクトになる傾向が知られているからパターナリスティックな介入が受け入れられやすい。同じように自信過剰バイアスに陥りやすいような種類の取引や金融商品があるとすれば、そういうものは普通に取引させると、投資家がおかしなことをしてしまうバイアスが極めて強い。金融商品全部がそうだとは言えなくて、その中の一部についてだけそういう性格があるのであれば、そこについてパターナリスティックな規制が入ってくるのは、実はそれほどおかしいことではない。諸外国の広告規制はそれをよくあらわしているような気がします。レジュメに引用されている志谷先生の論文は、通常の金融商品に関する説明義務のコンテクストで判例がパターナリスティックな姿勢を強化しつつあるということを論じておられるもので、これも判例に対する1つの評価かもしれませんが、このような評価とはまた別に、投資勧誘一般についてはパターナリスティックな観点を強調しない伝統的な立場をとるにしても、外国為替証拠金取引については別の立場から規制することもあり得る気がします。

　このこととの関係で教えて頂きたいのは、ご紹介のあった Heimer =

Simsek の論文は、顧客の属性が個人であるか否かということはある程度反映しているのか、それとも個人、法人にかかわらず、あらゆる人について自信過剰バイアスが生じるというものなのでしょうか。その結果次第で、個人投資家についてパターナリスティックな観点から保護をすべきだという枠組みすら怪しくなってくるところがあるので、もしそこがおわかりでしたら教えていただければと思います。

　議論の１つの方向としては、広告規制の点も含めて個人顧客に対するパターナリスティックな保護を強く打ち出して、その延長で「これ以上取引してはいけない」という実体規制を置く、それと全く別の観点で業者規制をやるかどうかはまた別問題として考えていくということが考えられます。飯田先生の本日の報告から出てきた一番自然な論理的な帰結ではないかという気がするのですが、この点の感触もお聞かせいただければと思います。

飯田報告者　まず、実証研究の話ですけれども、SNS で取引の結果を共有するというサイトがあるそうでして、そこで開示されているデータを使ってのものです。そういうサンプルですから、恐らくこれは個人限定なのではないかと思います。

　また、パターナリスティックな方向性が FX の場面で非常に強調されるというのは、その観点で一貫するのであれば、契約締結前交付書面は現状のままでは完全に不十分ではないかという趣旨でもありますので、まさにそこだけ特殊に扱うというのは、今、藤田先生におっしゃっていただいたようなまとめから理屈はつくのだろうと思います。ただ、それにしても、法人の扱いは論理的にはなかなか難しいものがあります。現行法としてはいろいろいびつなところがあるので、広告規制も含めて全体的に見直す必要性があるのではないかということで、自己資本規制だけを改善すればいいとかそういう話にはとどまらないのではないかと思います。

松尾（直）委員　契約締結前交付書面は情報提供義務なのです。ご記憶だと思いますが、90 年代の終わりの金融審議会第一部会ホールセール・リーテイルに関するワーキンググループ報告（平成 11 年 6 月）では、「業者の警告

義務」が検討されていて、立法論としてはあり得るわけです。パターナリスティックに考えると、アディクトしている人たちは警告しても行うでしょうから、必ずしも有効ではないかもしれませんが、立法論としては、禁止行為で、「こういう警告をしないと勧誘してはだめだ」という規制をつくることは可能だと思います。その商品対象は、また市場FX取引も入るとか、何でFXだけなのかとか、店頭証券CFDは入らないとか、いろいろあろうかと思いますが、現状では警告義務は入っていないわけで、立法論としてはあり得ると思います。

武井委員　いろいろな規制の事情は私も先生のお話をお伺いしてわかってきたのですが、一点、賭博という観点からみたときに、たとえばハウスとか業者が必ずもうかる構造がFXには何らかあるのでしょうか。個人が損をするという話の関連ですけれども、賭博性といってもいろいろな賭博があって、絶対親元が確実に儲かるものなのかどうかという観点から何か規制内容に差が出てくるのかどうか。

飯田報告者　FXの場合は当然、親がひとり勝ちするわけではないので、反社会的勢力がやっているような違法な賭博の話とは大分距離感のある話だと思います。親元が必ずもうけるという類いでは全くなくて、業者もカバー取引に出してリスクヘッジをしたりいろいろ苦労してやっているはずですので、そこは大分違います。ただ、顧客が損をすれば業者が得をするという利益の対立構造にあることは間違いないことでして、先ほどのアメリカのリスク・ディスクロージャーのところにも「そういう関係なのだから注意しなさい」と書かれるぐらいです。

武井委員　ありがとうございます。とすると、EUで損失補填まで入ったというのはすごい話ではないかと思うのですが、これはどういう背景なのでしょうか。

飯田報告者　保証金以上の損をこうむることがあるというリスクは、アディクトしている人たちには理解できない。そんなことは自分には起こらないと思ってしまうことがきっとあって、もはやその際はその誤解をそのとおり実

現してあげようというぐらいのレベルで規制をしたのだと思います。

武井委員　レバレッジ規制の先まで行っているわけですね。

飯田報告者　ええ。その先に行ったということです。

武井委員　さらに比較論として、仮想通貨取引についてはどういう規制の議論になっているのでしょうか。

飯田報告者　仮想通貨は、そもそも取引データが必ずしも十分な蓄積がないのでよくわからない。限られたデータを元にシミュレーションした結果、安全を見て２倍と設定されています。このように、仮想通貨のボラティリティーがどうなのかを見ながら規制しているとは思います。仮想通貨だから特別扱いするとかそういう話では恐らくなくて、端的にボラティリティーが激しいかどうかだけでレバレッジを何倍に設定するかという発想であって、規制の考え方としては他の原資産と同様に取り扱うというのがEUの発想だと思います。

後藤委員　２つほどお伺いします。

　先ほどの藤田先生とのやりとりで、私も大体同じような見方をしていたのですが、パターナリスティックな観点からの保護というのがある意味一番しっくりくるというところがあるわけです。他方で、大崎先生がご紹介されたように、余計なお世話だと思っている人もいて、たばこについても全く同じことが当てはまるわけです。ただ、たばこに比べると、副流煙がない分、外部性は少ないのかもしれませんが、生活が破綻する人が町にあふれると、それはそれでよろしくないということもあるので、どっちかとるかという問題はあると思います。

　そのときに、飯田先生のお話が最終的にどちらに向かっていくのかというのは慎重に避けられたようにも聞こえました。パターナリスティックな制約をしていくというときに、１つは、割と低目のレバレッジ規制をがっちりとかけるということがある。他方で、アメリカやEUのように、吸いたい人は自分の健康を害する覚悟で吸ってくださいというたばこのような、かなり損をする覚悟でやりなさいという開示をしてやらせるということがあって、別

に片方ではなくて二段構えもあるような気がしますけれども、どちらの方向に行くのがいいというご感触なのか。それがまず1点です。

　金融庁の研究会の存在を私は全く知らなかったのですが、見直すというのは、レバレッジ規制をやめるという方向の話で一瞬とまりましょうということなのか、厳しくしましょうという話なのか、どちらかわからないので、そこのお話を伺いたいと思います。

　もう1点は、仮にパターナリスティックな観点からレバレッジ規制は一定程度の合理性があるということになった場合、法人と区別することはいま一つなのではないかというご指摘だったかと思います。最初のほうの河村先生とのやりとりで、仮に合理的だとすると、むしろ法人と個人は一体的にかけるべきであるというお答えであったようにも伺われました。他方で、法人にしてみると、本当に個人を保護しようとしたきつ目のレバレッジ規制をかけた上で、法人は一定程度のニーズがあり、かつ保護する必要性がそんなにないのだとすると、個人に引きずられて法人がすごく厳しくなるのは、それはそれで余り合理的ではないように思われるわけです。そうすると、河村先生がご指摘されていましたが、区別した上で、個人に法人口座を開かせるというFX業者の行動が問題なのであって、法人と個人を区別すること自体が非合理的だということにはならないような気もしたのです。そのあたりをどうお考えなのかということもあわせて教えていただければと思います。よろしくお願いします。

飯田報告者　投機取引に対してパターナリスティックな介入が必要なのかということ自体、議論の余地はあると思うので、一般論としてパターナリスティックな介入をすべきだとは考えていません。ただ、特にFXの場合は歴史的に見てもいろいろなトラブルが多かったということで、やむを得ずパターナリスティックなものが世界的にも同じように使われているということですから、そういう発想を入れていくというのはいいのではないかと思います。

　しかし、そういうことを言い出すと、CFD取引一般に当てはまることで

すから、FXに限定せずに議論が広がっていくことになるので、一体どこで線を引くのか。金商法1条との関係とか、自己責任の原則だという法体系において、パターナリスティックな介入という意味での投資者保護の規制がかなり大きく膨らむことはやや違和感があります。ただそれは法の体系の問題にすぎないので、それをさておくとすれば、現状よりもさらにレバレッジを低くして介入していくということにはあまり賛成ではないという感触です。

　2点目は……。

後藤委員　法人との区別をなくす方向に向かうのか、もっとエンフォースメントの話なのか。

飯田報告者　仮にパターナリスティックなものだということで正当化していくのだとすれば、恐らくプロアマの概念のつくり方の問題だと思います。個人と法人というのはやや大胆な線引きだと思うので、もう少しつくり込んでいく必要があると思いますが、現在、特定投資家概念等があるわけですから、差し当たりそういうものを使っていくのが1つの方向性ではないかと思います。

　ただ、現行のデリバティブ規制は、そもそも金融商品取引業者から除かれる際の線引として別の概念も使っていますから、そのあたりも含めて、デリバティブについてはトータルでプロアマの線引きを考えていく必要があるのではないかと思います。が、その話と、パターナリスティックな介入が必要かというのもまた少しレベル差がある話だと思いますので、そこの全体的な体系のバランスを見ながら、なお詰めていく必要があるのではないかというのが現時点での感触です。

小出委員　2つあって、順番にお聞きます。

　今のパターナリズムについての話で、そこで個人と法人を分けることは余り合理性がないのではないかというようなご議論だったと思います。私の理解が非常に浅いのかもしれませんが、パターナリスティックな議論をするときに国は何を守ろうとしているのかを考えると、私の素朴な考え方では、個人は生活が破綻してしまうとかわいそうですよね、そういうレベルなのかな

と思っていました。たばこも、個人の場合は健康を害するのは問題でしょうねということだと思います。

　法人の場合、法人というのはフィクションというか、破綻したって別に困らないというか、もちろん背後にいる株主は困るかもしれませんが、それは一段階置いて有限責任などで損失が限定されている可能性もあるので、やはり個人の生活が破綻することを防ごうということが究極目的であるのであれば、個人と法人とを分ける意味はあるのではないかと思ったのです。大変素朴な質問ですが、これが1点目です。2点目はちょっと違う話になりますので、まずこちらから教えていただければと思います。

飯田報告者　確かに生活破綻防止規制ですということになれば、そうなるのですけれども、そこまでいかなくても、一般的に財産を毀損しやすい危ない取引から守るというのはあり得るのではないかと思っていて、そういう規制なのではないかというのが私の理解です。法人であっても、生活破綻とか破産とかそういうところまではいかないかもしれませんけれども、貴重な財産が自分たちの理解しない形で失われていくのを守ってあげようというのはパターナリスティックな規制だと思いますから、法人の場合も当たるケースはあるのではないかという印象は持っています。つまり、法人といってもいろいろなレベル感がありますし、先ほど河村先生がおっしゃったように、「個人の規制を逃れるために法人をつくりましょう」みたいな人たちも一定数いるのだとすると、法人ならば全て対象外というのは余りよくないのではないかという印象です。

小出委員　もう1つは、業者の健全性規制の補完といった要素については、レバレッジ規制の本質ではないのではないかというご議論がありました。私、先ほど「これは健全性の観点からは意味がある規制に思える」と言っておきながらなんですが、他方で私が自分で出した清算機関の事例と比べると、FX業者について何で健全性をそこまで言う必要があるのかというのは確かに問題かもしれません。

　清算機関はまさにシステミックリスクを惹起し得る大もとになり得るの

で、その健全性は大事だと思います。松尾先生がご指摘のとおり、清算機関の健全性を守るのは、マーケットの参加者の保護という観点からも非常に大きな意義があると言えるのでしょうが、FX業者に関して言うと、破綻したらもちろんそのFX業者の顧客は困るでしょうけれども、それは一般の証券会社と同じことであって、なぜFX業者の業務に関してのみこのような厳しい規制を進めるのかという点については、確かにご指摘のとおりかなという気がしました。自分の言ったことに対する反省と、もしFX業者の健全性を守る意味があるというのであれば、教えていただければと思います。

飯田報告者　特にFXがボラティリティーが非常に高い商品であるというわけでは必ずしもなくて、もっと激しく動く商品はさまざまにあるはずです。そういうものとの並びで見ても、業者の財務的な健全性がやたら強調されるのは必ずしも論理的ではないのではないかという気はします。

大崎委員　まぜ返してばかりで申しわけないのですが、業者の財務健全性という観点からの規制を入れるのだとすると、レバレッジ規制でいくかどうかは別として、最低資本規制とかを厳しくするのはありなのかなという感じはちょっとしているのです。

　つまり、店頭取引は自己勘定を使うので、大きな資本を備えておくことはリスク管理上重要なわけで、だからこそ外国為替ディーラーの最低資本金が2000万ドルと高めなのでしょう。証券ブローカーは今でも25万ドルですから、ディーラーのほうが随分厳しい。日本だと、逆に店頭のプレーヤーのほうが、証券取引所に注文をつなぐ人たちよりも緩やかな規制でもいいというような観念もあって、それはやはりおかしいと思います。自己勘定で向かう業者は相当な財務健全性を備えるべきだというのは、1つの考え方としてはあり得るのではないかという気がしました。

飯田報告者　そこはまさにおっしゃるとおりで、アメリカのところでも紹介したとおり、ディーラーが潰れるとほかの人たちがみんな一斉に困るというのは、まさに店頭取引の特徴ですから、そこは実際には財務的な健全の確保が必要だということは、FXに限らず一般的にある話だと思います。

藤田委員 先ほど小出さんが言ったことの補足ですが、飯田先生は、今後仮にパターナリスティックな保護ということを言うとしたら、どの範囲を規制するかというつくり込みをしていかなければいけないとして、特定投資家概念等をリファインしていくような方向性を出されたと思います。ただ話は結構複雑で、そういう方向でよいのかどうかがここでのポイントだと思うのです。特定投資家というのは、大ざっぱに言うと、取引の経験があるとか、一定以上資産があるとかいうことで、ちゃんとした投資判断ができるだろうという発想でつくられているものです。ここで問題としているパターナリスティックということの内容は、幾ら経験を積もうが危ないことをやってしまうような傾向があるという問題なのだとすれば、ちょっと問題の質が違ってくるのです。

　報告で引用された、志谷先生の論文で書かれている、従来の説明義務がパターナリスティックに走りつつあるという話は、投資判断に関する能力の話なので特定投資家の範囲と結びつくような性格のパターナリズムなのですが、今問題にしている話はちょっと違ったものだと思うのです。小出先生は生活が破綻しないようにする危険ということを言われて、それが問題の正しい性格付けかどうかも検討の余地がありますが、少なくとも、投資判断が的確にできるか否かをもって要保護性を考えている話と違うような気がするので、もしこの方向でいくとすれば、根本を見直す必要があるのではないかと思うのです。

飯田報告者 そのとおりです。先ほど申し上げた趣旨としては、リスクヘッジをするために合理性のある人たちを一部この規制から除外したほうがいいのではないかという議論をするのであれば、そこでプロアマで線を引くべきだということでしたので、現在の特定投資家の概念を使うべきだというのは全く思っていません。例えばそういう概念があるので、そういうものを手がかりに考えた方が、個人か法人かでわけるよりはベターだという趣旨です。また、そもそも例外を設けるのはかなり困難ではないか、EU の規制を見る限りはそういう例外はないので、そういう割り切りもあると思います。合理

性のある人たちが一定数いるとしても、そういう人たちは業者そのものであるとか、そういう人たちしか例外を認めないということだと思いますから、パターナリスティックな保護ということを非常に強調していくとすれば、恐らく例外をそもそも認めるべきではないという方向に行くのだろうと思います。ただ、実際に為替リスクをヘッジする合理的なニーズのある人たちがもし本当にいるのだとすると、例外を認めないとしてしまうとそれはそれで問題だと思うので、そこが非常に悩ましいところではないかと思います。

松尾（健）委員 先ほど来、この規制を正当化するにはパターナリスティックな観点からの説明がいいのではないか、しかし伝統的な投資家保護の概念からはちょっと難しい、さらには今、藤田先生がおっしゃったような問題もあるということなので、ちょっと違う観点から、具体的には市場の機能、特に価格形成機能の確保という点で、ボラティリティーが高くて高レバレッジのものにつられて、そういうものを求めて移動する人たちが、投資家か何なのかわかりませんが、一定数いるとして、「そういう人たちが入ってくると、価格形成によろしくない影響を与える」とはいえないでしょうか。

　実際に、FXの規制が厳しくなって仮想通貨にそういう人たちが移動した結果、仮想通貨は変動が激しいために通貨としての機能はほぼ失ってしまっているような状況です。そういう観点、「投資家の保護ではなくて、そういう人たちに来てもらったら迷惑なのです」という方向から規制の趣旨を説明するのは、さらにハードルが高いのでしょうか。もちろんそういう人たちの影響が、特にメジャーな通貨でどの程度あるのかわからないですけれども、かなり短時間での急速な変動を助長する可能性があると思います。それでもやはり、来てほしくないという観点から規制の趣旨を説明することは難しいでしょうか。

飯田報告者 FX取引自体は業者と顧客との間の取引ですが、それがカバー取引等を通じて業者からインターバンクの市場のほうにつながることになるので、一定程度影響を与える可能性はあるのだろうと思います。その影響の与え方はどんな程度かということですが、FX由来の取引割合は東京の市場

では2〜3割を占めていると言われているぐらいですから、それなりにインパクトがある話ではあると思います。ただ、全世界的な目で見たときに、果たして東京でのFX由来のものがどれぐらいインターバンク市場に影響を与えるかはよくわからないのではないかという気がします。

　他方で、仮想通貨等はよくわからない話ではありますけれども、いずれにしろ、市場への悪影響があるのだとすれば、普通の法定の通貨であろうが、仮想通貨であろうが、同じような影響があり得るだろうと思います。仮想通貨のほうが市場が小さいということであればむしろそちらのほうが問題だということだと思います。ただ、仮想通貨を市場として規制するのかということ自体がそもそもよくわからないところですから、違いはあると思います。EUですと、顧客保護寄りの考えがとられていて、市場の機能を害するというような話は少なくともあまり強調されていないところだと思います。

弥永会長代理　私も、個人と法人で分けていることの合理性をうまく説明することは非常に難しいと思いました。この3つの中で、少なくとも、業者の財務的な健全性の確保という目的からは分ける理由は全くなさそうです。また、過当投機の防止ということも、法人だから投機してよいということもなさそうですので、理由にならない。個人と法人とで差をつけるとしたら顧客の保護という視点からですけれども、法人にもいろいろなものがあって、現在のように法人を簡単につくれる、法人が本当に道具にすぎなくなっているときに、単に法人という仮面をかぶれば規制が変わってくるというのでは、合理性を説明することができなくなっています。

　そうなると、そもそも顧客の保護とは何を目的にしているのか。小出先生が指摘された生活の糧ということでしたら理解できるのですが、現実には、単なるビークルとして法人がつくられていて、それは単なる通過点にすぎないのだとすると、個人と法人の差を説明することはうまくできないのではないか。このように考えてみますと、生活の糧というのでしたら、レバレッジ規制というよりはむしろ、たとえば、投資できる金額、リスクにさらされる額に上限を設けるなどしたほうがまだ目的を達成できるのではないかという

気がいたしました。そのあたりはどう思われますか。

飯田報告者 例えば100万円までは使えるけれども、それ以上の取引は受け付けないというほうが、顧客保護、あるいはパターナリスティックな保護ということには適しているのではないかというのは、そのとおりだと思います。レバレッジ規制にプラスしてそういうものを入れると、さらに強力なものになる。レバレッジ規制・プラス・EU的なマイナス残高保護も入れてやれば、完全にそういう方向に行くことになると思います。が、そこまでする必要があるのかというのが必ずしもよくわからないところです。

後藤委員 レバレッジ規制は結局、倍率を掛けて後でマイナスが思いきり膨らんでしまうことを防ごうとする規制だと思うのです。そうすると、最初に幾ら投資するかということを規制しても余り意味はなくて、むしろマイナスが無限大になってしまうことが怖いという話からすると、こういうことができるのかわかりませんが、もし個人が1円で株式会社をつくって、株式会社でやらせて、そこがマイナスが大きくなったら解散するということをやってしまえば、マイナスは切れるわけです。そのときに個人保証させたら別でしょうけれども、そこでリスクが切れるのであれば、法人格を別にしているという意味で、そこは別扱いしてもいいような気がするのです。そんなことで受けてくれるバカなFX業者がいるかどうかわかりませんが、受けたら、それはそっちが悪いということになるわけです。

　そうすると、それを先導するときに、実は裏で個人保証させていますということをむしろ規制すべきであって、最初に投資できる金額は幾らかということを規制しても余り意味がないように思います。また、小出先生がおっしゃった生活に必要な資産という話は、残りが幾らあるかということがあったとしても、それがマイナスでどんどん減っていってしまうことが倍率を掛けた取引の怖さだとすると、そこを直接コントロールするのは難しいので、結局、リスクを遮断するかどうかとか、リスクの上限がどこまでいくかというところになっていくわけですが、それはなかなか正解はない話のような気がします。

43

あと、個人と法人の区別が先ほど来、何度か出ていますけれども、法人の中に保護すべきものがあるのではないかというお話と、個人の中にもっと自由にやらせていいものがあるのではないというところで、先ほど藤田先生も指摘されていましたが、個人のほうは能力とかそういう話とはまたちょっと違うとすると、いろいろ変わってくるでしょうし、1つの軸だけではないように思いますので、区別できればいいのですが、なかなか難しいのかなという気もします。コメントのようなことで済みません。

飯田報告者 今の前半の部分について一言申し上げると、マイナスのほうが問題だということだとすると、EU的なマイナス残高保護の規制こそが重要です。その規制が入ると、レバレッジは恐らく業者が自発的に合理的なレベルに上限を設定することも予想できますから、そういう議論は今後あり得ると思います。

松尾（直）委員 別の視点ですけれども、金融庁の有識者懇は結局、顧客保護ではなくて、業者に対するパターナリスティックな保護だと思うのです。その背景としては、今、アメリカの金利上昇があって、ドル資金調達コストが上がっていて、私、FX業者さんともつき合いがあるのですが、カバー先銀行に多いのは外資系の銀行なのです。外資系銀行が取引先であるFX業者を選別するプロセスにあるようにも思えて、そうなると、金融庁の報告書にあるように、未カバーポジションがふえるおそれがあります。

それはまさに大崎先生がおっしゃった、ディーラーとしての業者さんが自己で抱えてしまうリスクなので、それをパターナリスティックに早目に手を打ちましょうということで金融庁が動いたという見方もできるわけです。余り理論的ではないけれども、現実的に業者が潰れたら困ると思っている金融庁からすると、そういう動き方になる。飯田先生はパターナリスティック的な業者保護をどう思われますか。

飯田報告者 今のお話は非常にストンと理解できる話であるので、それが真実のような気もします。いずれにしろ、業者が潰れるのは非常によろしくないことであるのは恐らくコンセンサスのあるところで、レバレッジ規制等が

なければ危ない取引でも受け付けてしまうという事実があって、それを無視して業者が行動することがあればそれを規制するという話だと思います。

加藤委員 松尾先生のお話を伺った感想になってしまいますが、日本のFX業者が自らの健全性をカバー取引の相手方である外資系銀行に信頼性のある方法で主張するために、規制強化が必要であったという側面があるのかもしれません。日本のFX業者が個別的に「自分は健全です」と主張しても外資系銀行は信用してくれないと思いますが、業者の健全性を浮き彫りにするような規制、すなわち、本当に健全性が高い業者しか遵守できない規制を金融庁がつくることによって外資系企業も信用してくれる、そういう意味もあるような気がしました。自らの健全性を主張したいFX業者が個別的に対応することには限界がありますからね。ただ、多くの業者は金融庁による規制強化の動きに反対していたようなので、このような推測は的外れかもしれませんが。

神作会長 FX取引の投資者保護に関する現行法の立場をお尋ねします。現行法ではFX取引は投資者保護基金の対象になっていません。業者が潰れて顧客に迷惑をかけるのを本当に防止するなら、投資者保護基金のカバーの対象にすることが考えられるかと思いますが、このあたりは飯田先生のご見解はいかがでしょうか。

飯田報告者 おっしゃるとおり、業者が潰れることによるリスクを本当にカバーするということであれば、まさに投資者保護基金の対象にするとか、あるいは何らかの別な保険制度をつくるとかいうことが恐らく一番合理的な規制だと思います。ただし、それが現実的に可能なのかはよくわからないところがあります。いずれにしろ、レバレッジ規制でそこに対応しようというのは、全く無力とまでは言いませんが、余り有益な方向性にならなくて、やはり保護基金とかのほうが圧倒的にほかの顧客の保護を達成できるのだろうと思います。

神作会長 ほかによろしゅうございますか。——もしよろしければ、ちょうど時間になりましたので、本日の研究会の質疑はこれで終了したいと思いま

す。飯田先生、貴重なご報告、まことにありがとうございました。

　次回の研究会は、お手元の議事次第にございますように、9月13日の午後2時から松井秀征委員よりご報告いただく予定でございます。

　それでは、本日の研究会はこれで閉会とさせていただきます。どうもありがとうございました。

報告者レジュメ

外国為替証拠金取引（FX 取引）のレバレッジ規制
東京大学　准教授　飯田秀総
2018 年 6 月 28 日　14 時～16 時　日本証券経済研究所　金融商品取引法研究会

I.　　はじめに
☐　例：1 万米ドルを 1 米ドル 100 円で新規に買う場合
　➢　取引の額（想定元本）　100 円×1 万＝１００万円
　➢　必要証拠金額　100 万円×4%＝4 万円　←レバレッジ 25 倍
☐　証拠金率規制＝レバレッジ規制
　➢　業等府令平成 21 年 8 月 3 日改正（業等府令 117 条 1 項 27 号・28 号）＝個人顧客
　　✧　平成 22 年 8 月 1 日から 1 年間は 2%（つまりレバレッジ 50 倍）
　　✧　平成 23 年 8 月 1 日からは 4%（つまりレバレッジ 25 倍）
　➢　業等府令平成 28 年 6 月 14 日改正（平成 29 年 2 月 27 日施行）＝法人顧客（業等
　　府令 117 条 1 項 39 号・40 号）
　　✧　通貨ペアごとに設定
　　✧　ヒストリカル・データに基づいて少なくとも週に 1 回見直しがされる
☐　検討課題：レバレッジ規制は何を目的にしているのか
　➢　顧客の保護、業者の財務的な健全性の確保、過当投機の防止
　➢　しかし、個人顧客の場合と法人顧客の場合とで、規制が異なる
☐　本研究の意義・貢献
　➢　外国為替証拠金取引の規制のあり方
　　✧　平成 30 年 6 月 13 日　金融庁「店頭 FX 業者の決済リスクへの対応に関する
　　　有識者検討会」報告書：直ちにレバレッジ規制を見直すのではなく、ストレス
　　　テストを実施して、必要に応じて自発的に自己資本が増強されるかどうかの
　　　様子を見る
　　✧　2018 年、EU 金融商品市場規則（Markets in Financial Instruments
　　　Regulation：MiFIR）40 条に基づき、欧州証券市場監督局（ESMA）が一時
　　　的な規制（3 か月ごとに見直される。）によって、レバレッジ規制導入[1]
　➢　他の取引にも応用可能
　　✧　証券 CFD 取引
　　　●　個別株 5 倍、株価指数 10 倍、債券 50 倍（業等府令 117 条 1 項 29 号 30
　　　　号、17 項）
　　✧　仮想通貨の証拠金取引のレバレッジ規制は不要か？[2]

---

[1] OJ L136, 1.6.2018, p. 50.
[2] 各社の最大のレバレッジは、5 倍、15 倍、100 倍など、様々である。

1

II.　現在の規制

1.　個人顧客を相手とする場合

(1)　規制の根拠

❑　高レバレッジのＦＸ取引には3つの問題がある[3]

  ➢　顧客保護：ロスカット・ルールが十分に機能せず、顧客が不測の損害を被るおそれ

  ➢　業者のリスク管理：顧客の損失が証拠金を上回ることにより、業者の財務の健全性に影響が出るおそれ

  ➢　過当投機

(2)　4%・25倍

❑　条文：金商法38条9号→金商業等府令117条1項27号28号

❑　4%の根拠：一番取引量の多い米ドル－円について、半年間ごとにみて最も変動の激しかった平成20年下半期を基準に1日の為替の価格変動をカバーする水準を勘案した[4]

❑　通貨ペアごとではなく、一律の規制とした理由：規制の簡明性[5]

2.　法人顧客を相手とする場合

(1)　規制の根拠[6]

❑　相場急変時における未収金発生リスクの対応など、店頭 FX 業者の適切なリスク管理

  ➢　平成27年1月に起きたスイスフランの大幅な相場変動により、一部の法人顧客に証拠金を大きく上回る損失が生じ、その結果、業者等において多額の未収金発生（14億円。個人顧客は19億円）（金融先物取引業協会ウェブサイト）

❑　通貨ペアごとの証拠金率を設定する理由：FX 業者のリスク管理の観点からの規制

❑　毎週の見直しをする理由：時々の相場の変動率等をふまえた必要証拠金率とすることが店頭 FX 業者のリスク管理の観点から望ましいから

❑　個人顧客の証拠金規制とやや異なる

(2)　証拠金率

❑　為替リスク想定比率[7]＝当該通貨にかかる為替相場の変動により発生し得る危険に相当する額の元本の額に対する比率として金融庁長官が定める方法[8]により算出した比率

❑　金融庁長官が定める方法：定量的計算モデルを用いる方法

---

[3]　金融庁（2009b）No.1-8

[4]　金融庁（2009b）No.57

[5]　金融庁（2009b）No.58

[6]　金融庁（2016）No.1-4

[7]　金商業等府令117条27項1号2号、28項。

[8]　金融庁告示25号（平成28年6月14日）。

- 定量的計算モデルの基準：片側99%の信頼区間を使用し、特定通貨関連店頭デリバティブ取引の保有期間を1日以上とするもの
- データの抽出要件：3条件満たすヒストリカル・データを使用する
  - ①直近26週の期間を対象とした数値または直近130週の期間を対象とした数値のいずれか高いものを採用すること
  - ②各数値に掛目を乗じて得た数値でないこと
  - ③少なくとも毎週1回更新されること。

❑ 金融先物取引業協会による計算
- 各営業日における東京時間15時の前後2分30秒の取引データに基づいて出来高加重平均価格（VWAP）を算出
- 直近26週又は130週の各営業日における変化率（自然対数をとる）を計算してその標準偏差を求める
- 片側99%の信頼区間をカバーするためにその標準偏差に2.33をかけ算する
- 26週又は130週のその値のうち大きい方の値を為替リスク想定比率（%表示で、小数点第3位の切り上げた数字）
- 為替リスク想定比率の逆数を%表示で、小数点第3位以下を切り捨てた数字が最大レバレッジ

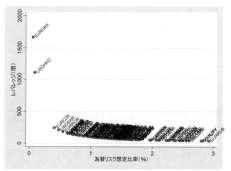

（金融先物取引業協会　2018年5月4日を基準日とする証拠金率・レバレッジの一覧）

(3) レバレッジ規制導入の影響

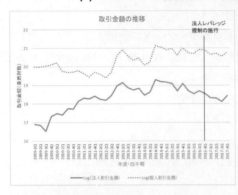

法人レバレッジ規制の効果の推定	
	(1)
被説明変数	取引金額の自然対数
法人×規制後	−0.6440266 ***
	[.0682034]
顧客種別固定効果	Yes
年度四半期固定効果	Yes
顧客種別・年度四半期観測数	46
Adj R-squared	0.9687

注：データは、金融先物取引業協会の公表する四半期統計（店頭外国為替証拠金取引の状況）による。*法人*は法人顧客であれば1をとるダミー変数、*規制後*は法人レバレッジ規制の施行後であれば1をとるダミー変数、*法人×規制後*はこの2つの交差項である。括弧内の数字は顧客種別と年度四半期のクラスタリングありの標準誤差である。***、**、*は、それぞれ1％、5％、10％水準での統計的有意を意味する。

2017年度第1四半期→2016年度第3四半期

　法人：−31.34％

　個人：−23.40％

　法人－個人：−7.94％

3. ロスカット・ルールの整備・遵守の義務づけ

- ❏ 金商法40条2号→業等府令123条1項21号の2、21号の3
- ❏ 公布平成21年7月3日、施行同年8月1日＝レバレッジ規制の前
- ❏ 目的：顧客が証拠金を上回る損失を被ることや業者の財務に影響を与えることを防止[9]
- ❏ ロスカット取引の実態
  - ➢ 証拠金以上の損失が発生しないわけではない
  - ➢ ロスカットの基準値を超えた場合、当該ポジションを決済するために必要な反対売買の注文が自動的に発注
  - ➢ 原則として、反対売買の成立時点で業者等が配信している価格（レート）で約定
  - ➢ ロスカットのトリガーの時点よりもさらに不利な価格で決済されることがある
  - ➢ 複数のカバー先からの配信レートの中から、約定の可能性が高いと考えられるレートを適用することがあり、顧客にとって不利なレートで約定することがあり得る
  - ➢ 有効なレートが配信されていなければ、ロスカット処理に時間がかかる
  - ➢ 値洗いの間隔（秒間隔から数分間隔）で相場急変が起きてロスカット水準を上回る変動があれば、たとえ値洗いのタイミングでの価格で決済されたとしても、証拠金を上回る損失が発生することもあり得る
- ❏ マッチング方法（通常の取引とロスカット取引とで区別無し）
  - ➢ 時間優先・価格優先の原則

---

[9] 金融庁（2009a）No.1-7。

> ➤ 例外的な取扱いの可能性が約款・取引説明書に記載
> ❖ 例：インターバンク市場の実勢レートから1%以上かい離したバグレートの場合に、バグレートによって成立した取引を無効とする旨の約款規定

４． 証拠金の区分管理方法の金銭信託一本化

III. 信用取引のレバレッジ規制

１． 概要

❑ 金商法161条の2→金融商品取引法第百六十一条の二に規定する取引及びその保証金に関する内閣府令（信用取引府令）

❑ 保証金率は30%（信用取引府令2条1項1号）

❑ 最低30万円以上（信用取引府令3条）　←FXにはない

２． 信用取引制度の経緯

徳川時代の堂島米会所における帳合米取引の流れを受けて、戦前においては取引所における取引は実物取引よりも投機取引の方が盛んだった。戦後はGHQの指図に基づき、実物取引一本に限られることとなった。もっとも、証券市場の安定した発展のために仮需給の導入が必要であった。そこで、信用取引の制度によって、健全な投機取引を導入するものとしてこの制度が定着した[10]。

３． 保証金率の規制

❑ 証券取引法の立法当初：顧客に供与できる信用の額は、大蔵大臣が定める率を超えてはならず、その率は55%を超えてはならない（証取法49条1項2項）
> ➤ 米国1934年証券取引所法7条
> ➤ 目的：有価証券の買入に全国の信用が過度に利用されることを防止すること
> ➤ しかし、当時の米国のように証券市場と金融市場との結びつきが当時の日本では密接でなく、信用統制を行うために信用供与率を上下することは当時の日本では意味が薄かった

❑ 昭和28年改正：保証金率規制の下限を定める条文に改正され、30%を下らない範囲
> ➤ 過当投機化の抑制と損害の担保を目的として信用取引を規制することができる形にする方が、わが国の実情に即しているから
> ➤ 黒沼（2016）351頁：証券会社の財務の健全性の確保と過当な投機の抑制
> ➤ 過当投機：信用が過剰に供与されて、その信用を用いて投機取引が行われること

---

[10] 鈴木=河本（1984）30-33頁参照。

➤ 差金決済による先物取引（清算取引）は、「融資または貸株の制限がないため、無限の投機に導く可能性がある」[11]

➤ もしも信用取引が無制限無秩序に行われると証券市場の価格の騰落を激化し、投資者に不測の損害を与え、証券市場の機能そのものを破壊する危険を内蔵[12]

4. 業者の最低資本金制度と株式会社要件

信用取引制度の実現のためには、証券業者の顧客に対する信用供与が必要であり、そのためには業者の資産充実が前提条件になるので、昭和25年改正で法人証券業者の最低資本金制度が創設され、昭和28年改正で証券業者は株式会社でなければならないこととされた[13]。

5. 最低委託保証金制度

❑ 昭和42年（1967年）。信用取引を行う者は一口座15万円以上の委託保証金が必要

❑ 目的：少額投資者層の信用取引への参加を抑制すること

➤ 信用取引への参加資格を認められるのは、株価に対する的確な判断を下しうる知識と経験を有し、かつ相場の変動に十分対処しうるだけの資力的余裕を持つことが望ましい。判断方法として、知識・経験の有無、深浅を制度的にチェックすることは極めて難しいことから、最低委託保証金制度を採用した。最低委託保証金制度のみで十分なわけではなく、これとあわせて、証券会社の顧客に対する勧誘態度、受託に対して行う顧客調査等の面から補完することが想定されていた[14]。

❑ 昭和50年に最低委託保証金が15万円から30万円に引き上げられた

IV. 米国における FX 取引のレバレッジ規制

1. 外国為替証拠金取引の規制の経緯（Markham(2016)）

❑ 1970年代　商品オプションの取引が広まった

➤ ブレトン・ウッズ協定の終了により、外国為替のオプション取引を通じた投機

❑ オプションの一般投資家に対する販売に際してたくさんのスキャンダル

❑ SEC が差止などを行い、詐欺の多くを止めた

❑ しかし、CFTC が1975年に設立され、十分な態勢が整わず、店頭商品オプションを販売する企業による詐欺が復活

❑ 1978年、CFTC は、すべてのリテール向けの商品オプションを差し止め、取引所において取引されるオプションだけを認める

---

[11] 鈴木=河本（1984）33頁。
[12] 鈴木=河本（1984）499頁。
[13] 鈴木=河本（1984）34頁。
[14] 佐久間（1967）26頁。

❑ 店頭ディーラーは、これらの手段を現物契約（cash contract）や先渡契約（forward contract）と称して、CFTC の管轄の及ばないものだと構成した

❑ CFTC は、これらは先物取引またはオプションの偽装であり、規制された取引所でしか取引できないと主張して、訴訟を展開した。

❑ しかし、なお詐欺は行われた。

  ➢ 1983 年、投資家に対して、インターバンク市場での外国為替取引の 40%のリターンを約束した、2 億ドル規模のネズミ講

❑ インターバンク市場での外国為替取引については CFTC の管轄外だったので、CFTC はこれに対応するため、一般投資家が関与する外国為替取引については CFTC の管轄内だと主張した。しかし、連邦最高裁は、外国通貨を取得するオプションの店頭取引は CFTC の管轄外であると解釈した[15]。その結果、通貨関連の店頭の先物取引・オプション取引における詐欺に対して、CTFC が対処できなくなった。

❑ 2000 年の商品取引所法の改正によって、リテールの店頭の先物取引またはオプション取引の販売が規制の対象。

❑ しかし、通貨の引渡が必要な現物契約や先渡契約は対象外。現物契約として契約を締結し、しかし実際には差金決済しかせず、現物を引き渡さない運用をしていても、これは現物契約であると性質決定され、規制の対象外[16]。

❑ 2001 年から 2007 年の間に、約 2 万 6000 人の投資家が詐欺にあい、店頭デリバティブを使った外国為替取引の詐欺の結果として 4 億 6000 万ドルの被害が発生。そのような詐欺は、レバレッジを売り文句に投資家に持ちかけられていたようである[17]。

❑ 2008 年の商品取引法の改正によって、リテール向けの外国為替証拠金取引に対する管轄が CFTC に与えられた。そして、リテール外国為替ディーラーという新しい登録類型が創出され、最低資本金規制（1000 万ドル。2009 年から 2000 万ドル）が課された。同様の商品を販売する FCM に対しても、同様の最低資本金規制が課された

❑ 2010 年のドッド＝フランク法を受けて、CFTC は、リテール向け店頭外国為替取引についての規則を制定した。詐欺禁止規定（5.2 条）、リスクの説明書（5.5 条）、継続的な最低資本金規制（2000 万ドル以上の維持が必要。5.7 条）、リスク評価の記録保存と報告（5.10 条、5.11 条）、先物協会への加入義務(5.22 条)

２． 2010 年の CFTC 規則の改正での導入

❑ CFTC 規則 5.9 条

---

[15] Dunn v. CFTC, 519 U.S. 465 (1997).

[16] CFTC v. Zelener, 373 F.3d 861 (7th Cir. 2004); CFTC v. Erskine, 512 F.3d 309 (6th Cir. 2008).

[17] Foreign Exchange Currency Fraud: CFTC/NASAA Investor Alert, available at https://www.cftc.gov/ConsumerProtection/FraudAwarenessPrevention/ForeignCurrency Trading/cftcnasaaforexalert.html.

➤ リテール FX 取引の保証金（security deposit）について、先物協会の定める適用
割合以上の保証金を顧客から集める義務を、業者に課す
➤ 協会の定める割合は、メジャー通貨ペアについては 2%以上、それ以外の通貨ペア
については 5%以上でなければならない
➤ 何がメジャー通貨ペアに該当するかは協会が決定し、また、年に 1 回以上は、メジ
ャー通貨ペア・証拠金率の見直しをしなければならない

３．　　全米先物協会（National Futures Association：NFA）の規制
(1) 現行ルール
❏ メジャー通貨ペア[18]については 2%、その他については 5%
❏ 異常な市場状況の場合には、保証金率を一時的に引き上げることもできる。

(2) 2003 年改正での導入
❏ 業者は自発的に保証金を設定し、これは健全な実務慣行だと考えられていた
❏ NFA は、メジャー通貨ペアについては 2%、それ以外は 4%を保証金率とした
❏ 先物取引の証拠金（margin）規制とは異なる「保証金（security deposit）規制」
➤ 証拠金：分別管理、破産時の優先権
➤ 保証金：いずれも該当しない→顧客が証拠金と誤解することを防ぐため
❏ 保証金規制の目的：顧客保護ではなく、業者の保護にある。
➤ 顧客が債務不履行に陥ると、業者が倒産し、他の顧客の口座を危険にさらすことが
あるので、債務不履行に陥った顧客の損失を吸収できるようにすることに目的

(3) 2004 年改正
❏ メジャー通貨ペアの保証金率が 2%から 1%に引き下げ
❏ 最低維持資本金規制の額（25 万ドルまたは外国為替取引の取引額合計の 1%の大きい
方の額）の 2 倍[19]以上の、調整された純資産額を継続的に維持している業者については、
レバレッジ規制の適用対象外（規制緩和）
❏ レバレッジ規制は規制目的（業者の保護）との関係で必ずしも効果的ではない
➤ 店頭 FX 取引のように、ディーラー・マーケットにおいては、ディーラー自身が取
引の相手方にたつのであって、第三者や清算機関が存在するわけではない。ディー

---

[18] ここでいうメジャー通貨ペアとは、英ポンド、スイスフラン、カナダドル、日本円、
ユーロ、豪ドル、ニュージーランドドル、スウェーデンクローナ、ノルウェークローナ、
デンマーククローナである。

[19] 2008 年 10 月 31 日施行の改正において、2 倍から 1.5 倍に変更された。同年の改正
で商品取引所法による最低資本金規制が 2000 万ドル以上となったことを受けて、これま
での NFA 規則における最低資本金規制の額が大幅に増加するため、レバレッジ規制を免
除する業者の基準が 2 倍だと高すぎると考えられたからである。NFA (2008)

8

ラーの財務の健全性に問題が生じて困るのは、他の顧客であり、他の顧客を保護するためにはディーラーの資本規制の方がより効率的かつ効果的な規制

➤ リテール顧客は、ポジションが相対的に小さく、これらの顧客の債務不履行は、より広範囲の債務不履行をもたらすような壊滅的な出来事でもない限りは、業者の資本に重大な影響を及ぼす可能性が低い

(4) 2009 年改正

❑ 適用免除規定が削除

➤ それまで、レバレッジ規制の適用が免除された企業は、レバレッジを 200 倍（2社）、400 倍（4社）、700 倍（1社）に設定

➤ レバレッジを 50 倍にしていた企業は NFA や CFTC のエンフォースメントの訴訟の対象となったケースはなかったのに対し、より高いレバレッジを設定していた企業は対象となったケースが多数あった

4. 実証研究

Heimer=Simsek (forthcoming)：レバレッジ規制の導入の影響として、取引高が減少したこと、FX トレーダーのネットリターンが増加したこと、および、FX 業者の資本が減少したこと。

彼らの実証結果と整合的な仮説は、高いレバレッジの取引を行う者は、取引高も多く、FX業者の売上高を増やす存在だったが、同時に当該トレーダー自身の利益を犠牲にしていたというものである（自信過剰バイアス）。

V. EU における FX 取引のレバレッジ規制

❑ レバレッジ規制（initial margin protection）

➤ メジャー通貨[20]は 30 倍、マイナー通貨は 20 倍

➤ レバレッジ 20 倍（金、主要なインデックス（S&P500、Nikkei225 など））、10倍（その他の商品）、5 倍（個別のエクイティ）、2 倍（暗号通貨）

➤ 倍率が段階的：ESMA は、過去 10 年のデータから、ランダムにサンプルをとり、スプレッドも考慮に入れて、ロスカット取引の発動する確率が 5%になるレバレッジをシミュレーションして算出[21]。

❑ 必要証拠金 50%をトリガーとするロスカット取引強制（margin close-out protection）

---

[20] 具体的には、米ドル、ユーロ、日本円、スターリング・ポンド、カナダドル、スイスフランである。

[21] ESMA, Product Intervention Analysis, Measures on Contracts for Differences, ESMA50-162-215 (1 June 2018).

- ❑ マイナス残高保護規制（negative balance protection）：顧客の損失を証拠金を限度とする規制（業者が未収金のリスクを負担する）
- ❑ 警告文の掲示：損をした顧客の割合を開示して警告することが求められる

- ❑ 根拠
  - ➢ 平均的に、CFD において顧客が損失を被っている
  - ➢ レバレッジが大きければ大きいほど、重大な損失のリスクも大きくなり（たとえば取引量が増えて、ポジションを立てたり手じまったりすることを繰り返すことに伴う費用が増加する。）、商品がハイリスクである
  - ➢ 顧客は、問題となっている商品のリスクと投資コストを適切に理解していないことが多い

- ❑ 日本への言及：「日本の顧客の調査によると、3 分の 1 の顧客は、日本以外の業者を使っている。」

VI. 検討
1. 個人と法人の区別
- ❑ 線引きに合理性はあるか？
  - ➢ たとえ特定投資家であっても、個人顧客に対するレバレッジ規制が適用される
    ∵レバレッジ規制の趣旨には、業者の財務の健全性と過当投機への対応の要素が含まれているから[22]
    （批判）個人に限定して規制を導入したことは、やや整合性を欠く[23]
  - ➢ 法人顧客規制の趣旨：業者等のリスク管理
    - ✧ 顧客保護は法人だと規制緩和
      ∵顧客が法人だから投資判断の能力が高いから[24]（？）
    - ✧ 過当投機は個人か法人か区別する理由あるのか？

2. 顧客保護
(1) 疑問
- ❑ NFA のレバレッジ規制の趣旨：×顧客保護　　○業者保護

---

[22] 金融庁（2009b）No.15。
[23] 神田他（2014）325 頁〔梅本剛正執筆〕。
[24] デリバティブ取引に対する不招請勧誘規制等のあり方についての考え方として、金融庁は、「法人は一般に一定の投資判断力を有・・・」（金融庁（2010））すると整理していることが本文の見方を裏付ける。

10

(2) レバレッジ規制とマイナス残高保護は異なること

❏ レバレッジ規制：顧客が不測の損害を被る程度が小さくなるが、ゼロではない
  ➢ ロスカット・ルールは、顧客の建玉を決済するために必要な取引の発注を強制的に業者が出すものに過ぎない
  ➢ ロスカットしても顧客の損が証拠金より大きくなる可能性はある
❏ EU のマイナス残高保護ならば、そのおそれはゼロ
  ➢ しかし、損失補填契約（金商法 39 条）

(3) 証拠金を上回る損失発生リスクの説明（37 条の 3 第 1 項 6 号）

❏ 米国（資料 1）・EU（資料 2）：顧客の損失口座割合、利益口座割合の記載
❏ 契約締結前交付書面、広告規制で十分か？

(4) 投資者の保護

❏ 投資者保護：×投資者に損失を与えない　〇自己責任
❏ 最近 10 年：法、裁判所および金融行政において、投資者のパターナリスティックな姿勢を強化する流れ[25]
❏ 高レバレッジの取引を行う者は、自信過剰バイアスに陥っている→パターナリスティックな規制の現れ

(5) 高レバレッジの場合の類型的な危険性

❏ 高レバレッジの外国為替証拠金取引は、類型的に、一般の投資家は適合性を欠く
❏ EU：FX 取引に限らず CFD 一般に投資家は平均的に損をしていること[26]、ハイリスクであること、顧客が商品のリスク・コストを理解していないこと

❏ 不招請勧誘の禁止（38 条 4 号・9 号、業等府令 117 条 1 項 8 号）

(6) 詐欺の代理変数としてのレバレッジ

❏ 米国の歴史：高レバレッジと詐欺が相関
❏ 日本：悪徳業者によるトラブル

---

[25] 志谷（2010）4 頁, 松尾（2012）74-75 頁。志谷（2012）12 頁は、「裁判所の判旨にみえる業者への厳しい姿勢は、ややもすると投資家保護というよりも、むしろ消費者保護の色彩が強くなる懸念を払拭できない」とする。不招請勧誘規制（金商法 38 条 4 号等）を消費者保護の視点から論じるものとして、河上（2014）89 頁参照。

[26] 岩壷（2017)は、日本の 2015 年のデータを分析し、「個人投資家の収益率は平均すると負であるが、収益率の中央値は正であり、投資家の半数以上はプラスの収益を上げている」とする。

❏ 悪徳業者の参入を防止するには、詐欺罪を適用することが最も有効な解決策[27]（？）

❏ 2005 年金融先物取引法改正（業者の登録制度、最低資本金規制、自己資本比率規制、不招請勧誘の禁止など）[28]→悪徳業者を完全に排除できなかった＝個人顧客に対するレバレッジ規制は、悪徳業者を排除の次善の策だった可能性[29]

3.　過当投機

❏ 過当投機の実質的な問題は？

> FX 取引のレバレッジは、規制がなければ無限に大きくなり得る

✦ 個人顧客と法人顧客で区別できるのか？

> 高レバレッジの取引は賭博で、公序良俗に反する取引[30][31]？

✦ 高レバレッジの取引はその客観的な性質上賭博→個人か法人かで同じはず

✦ 法人の場合は外国為替レートの変動をヘッジする目的があることが少なくないから[32]、社会通念上合理的な経済活動であって賭博にはあたらない

✦ しかし、法人顧客がヘッジ目的以外の投機目的で外国為替証拠金取引を行うと、賭博を行っていると評価すべきこととなる

✦ 賭博の観点から現行法を論理一貫して説明できるわけではない

---

[27] 大山（2014）。

[28] 金融先物取引法による規制を概観するものとして、川瀬（2007）367-370 頁, 野村（2006）199-209 頁参照。FX 取引をめぐる規制の経緯については、畠山他（2015a）, 2015b）参照。

[29] 業等府令の改正による区分管理の金銭信託一本化は、財務基盤の弱い業者をふるい落とす機能があったとする見解もある（畠山他（2016）99 頁）。

[30] レバレッジの高さが、賭博に該当するかどうかの考慮要素となるとする見解として、金融法委員会（1999）6 頁参照。外国為替証拠金取引は、射倖行為であるから、破産免責不許可事由に該当することがあることにつき、平井（2014）7-8 頁（「消費者金融に 100 万円の負債があった状況で、パチンコ、競馬、ＦＸ取引を行い、負債額を 1240 万円に増大させた」事例、「出会い系サイトの収益を原資に、株式取引、ＦＸ取引、先物取引を行い、通算して 8467 万円程度の損失を出した」事例の存在を紹介する）参照。

[31] 外国為替証拠金取引が金融先物取引法による規制の対象となる前の事案において、賭博に該当するとしたものとして、札幌地判平成 15 年 5 月 16 日金判 1174 号 33 頁（レバレッジ 33 倍）、東京地判平成 17 年 11 月 11 日判時 1956 号 105 頁（レバレッジ 16 倍）、仙台地判平成 19 年 9 月 5 日判タ 1273 号 240 頁、東京高判平成 18 年 9 月 21 日金判 1254 号 35 頁（レバレッジ 10 倍ないし 20 倍）。これに対して、賭博に当たらないとしたものとして、大阪地判平成 16 年 4 月 15 日判時 1887 号 79 頁がある。学説においては、賭博に該当するとの結論に賛成する見解もあるが（李（2009）136-137 頁）、問題の核心は賭博かどうかではなく詐欺賭博かどうかであるとする見解もある（本多（2010）145 頁）。

[32] 金融庁（2010）にも、「法人は・・・事業に伴うリスクをヘッジするために取引を行う場合もある。」との記載がある。

12

❖ 金融商品取引業者等と顧客との間で行われる外国為替証拠金取引が賭博には あたらない：東京地判平成24年3月21日（平成23年（ワ）19787号）[33]

４． 業者の財務的健全性

(1) 破綻リスクと負の外部性

❏ 業者等が経済合理的に行動＝業者利益最大化→業者等は、顧客の損失に伴う未収金発生 リスクを織り込んで設計するはず＝適切なレベルのレバレッジとロスカット・ルール を設定することが期待できる（？）

❏ 業者等は第一種金融商品取引業で株式会社だから、株主有限責任原則により、破綻時に 生じるコスト（外部コスト）を株主が十分に考慮しないので、社会的に見て最適なレバ レッジ・ロスカットルールの設定がなされないおそれがあるから規制する

❏ 役員等の対第三者責任（会社法429条）：株主有限責任原則による弊害を予防・緩和す る機能あるが、完璧ではない

(2) 業規制の補完としてのレバレッジ規制

❏ 第一種金融商品取引業者の規制

➢ 最低資本金規制（5000万円以上） ←cf.米国2000万ドル。資本金の債権者保護 機能は議論ある[34]。

➢ 株式会社であって、かつ、取締役会設置会社であって、監査役設置会社、監査等委 員会設置会社または指名委員会等設置会社でなければならない ←株式会社なら ばガバナンスが効く？監査役等の3形態はコンプライアンスに有益？

➢ 純財産額が最低資本金規制と同様の額を下回ることの規制[35]

➢ 自己資本規制比率120%以上（金商法46条の6）

❏ これらの業者規制は、相場急変時の破綻リスクの対応として完璧とはいいにくい。レバ レッジ規制も完璧ではないだろうが、補完・協調して機能することが期待されている

---

[33] 学説において、大山（2014）75頁は、「取引が賭博罪の構成要件に該当するとしても 刑法三五条で違法性は阻却されると解するのが自然」だとする。野村（2006）215頁は、 より一般的に、外国為替証拠金取引は賭博にあたらないとする。なぜならば、「外国為替 証拠金取引は、通貨の為替相場の変動によって生じた売買損益を取引主体に帰属させるも のであって、為替相場の変動それ自体の的中の有無をもって勝敗を決しその勝敗に関して 財物をもって賭事をするものではないから」である。

[34] 資本金額は、過去にそれだけの出資があった事実を表示するにとどまり、現在の時点 での資産の存在を裏づけるものではないから、業者の財務的な健全性の規制としての意義 は限定的である。過去に一定規模以上の出資を集めた事実は、一定の出資者の信用を集め たものであることを意味するところ、詐欺をもくろむ業者にはこのような信用が集まらな いのであれば、悪徳業者をスクリーニングする機能があるといえる。ただし、会社法上の 大会社の基準の5億円（会社法2条6号）と比較すると5000万円は10分の1に過ぎ ず、これで十分なスクリーニングとして機能するかは疑問もある。

[35] 金商法29条の4第1項5号ロ、施行令15条の9第1項。

引用文献

CFTC, 2010. Regulation of Off-Exchange Retail Foreign Exchange Transactions and Intermediaries, . FR 75, 55410

Heimer, R.Z., Simsek, A., forthcoming. Should Retail Investors' Leverage Be Limited? Journal of Financial Economics

Markham, J., 2016. REGULATING THE MONEYCHANGERS. University of Pennsylvania Journal of Business Law 18, 789-863

NFA, 2003. EXPLANATION OF PROPOSALS.

NFA, 2004. Explanation of Proposed Amendments.

NFA, 2008. Increases to the Forex Dealer Member Capital Requirements: Proposed Amendments to NFA Financial Requirements Sections 1, 11 and 12 and the Interpretive Notice Regarding Forex Transactions (Effective October 31, 2008).

NFA, 2009. Forex Security Deposits - Proposed Amendments to NFA Financial Requirements Section 12 and Interpretive Notice Regarding Forex Transactions (Effective November 30, 2009).

NFA, 2010. Proposed Amendments to NFA Bylaws 306 and 1301, NFA Compliance Rules 1-1, 2-13, 2-23, 2-24, 2-36, 2-38, 2-39, 2-41, 2-42 and 2-44, Code of Arbitration Sections 1, 2, 3, and 6, Member Arbitration Rules Section 6, Financial Requirements Sections 1, 3, 4, 8, 10, 11 and 12, and the Interpretive Notices entitled NFA Financial Requirements: The Electronic Filing of Financial Reports; Forex Transactions; and Bulk Assignments and Transfers (Effective October 18, 2010).

岩壺 健太郎「FX 証拠金取引の投資戦略とパフォーマンス―保有期間・リスクと収益率の関係―」金融先物取引業協会会報 114 号（2017 年）39-48 頁

大山 徹「外国為替証拠金取引と詐欺罪」柴田 潤子＝籠池 信宏＝溝渕 彰＝肥塚 肇雄編『企業と法の現代的課題：市川兼三先生古稀祝賀論文集』（成文堂・2014 年）53-81 頁

河上 正二「消費者委員会 金商法改正による総合取引所構想と不招請勧誘禁止ルールのゆくえ」ジュリスト 1464 号（2014 年）88-89 頁

川瀬 庸爾「特殊な債権者を擁する破産事件（V）――外国為替証拠金取引会社の破産」園尾 隆司＝西 謙二＝中島 肇＝中山 孝雄＝多比羅 誠編『新・裁判実務大系 第 28 巻 新版 破産法[第新版版]』（青林書院・2007 年）364-379 頁

神田 秀樹＝黒沼 悦郎＝松尾 直彦『金融商品取引法コンメンタール 2――業規制』（商事法務・2014 年）

金融庁「コメントの概要及びそれに対する金融庁の考え方（平成 21 年 7 月 3 日）」（2009a 年）

金融庁「コメントの概要及びそれに対する金融庁の考え方（平成 21 年 7 月 31 日）」（2009b 年）

金融庁「デリバティブ取引に対する不招請勧誘規制等のあり方について(概要)」https://www.fsa.go.jp/news/22/syouken/20100913-1/02.pdf（2010 年）

金融庁「コメントの概要及びコメントに対する金融庁の考え方（平成 28 年 6 月 14 日）」（2016 年）

金融法委員会「金融デリバティブ取引と賭博罪に関する論点整理」（1999 年）

黒沼 悦郎『金融商品取引法』（有斐閣・2016 年）

佐久間 景義「改正信用取引制度の概要と今後の問題点」ジュリスト 380 号（1967 年）25-28 頁

志谷 匡史「投資者保護の現代的課題」旬刊商事法務 1912 号（2010 年）4-11 頁

志谷 匡史「デリバティブ取引に係る投資勧誘の適法性」旬刊商事法務 1971 号（2012 年）4-13 頁

鈴木 竹雄=河本 一郎『証券取引法[第新版]』（有斐閣・1984 年）

野村 稔「外国為替証拠金取引の規制について――先物取引に関する犯罪――」斉藤 豊治=日高 義博=甲斐
　　克則=大塚 裕史編『経済刑法　神山敏雄先生古稀祝賀論文集』（成文堂・2006 年）197-221 頁

畠山 久志=林 康史=歌代 哲也「外国為替証拠金取引規制：わが国における FX 取引の沿革と現状(その 1)」
　　経済学季報 65 巻 1 号（2015a 年）1-32 頁

畠山 久志=林 康史=歌代 哲也「外国為替証拠金取引規制：わが国における FX 取引の沿革と現状(その 2)」
　　経済学季報 65 巻 2 号（2015b 年）25-52 頁

畠山 久志=林 康史=歌代 哲也「外国為替証拠金取引規制：わが国における FX 取引の沿革と現状(その 3・
　　完)」経済学季報 65 巻 3 号（2016 年）99-141 頁

平井 直也「東京地裁破産再生部における近時の免責に関する判断の実情(続)」判例タイムズ 65 巻 10 号
　　（2014 年）5-26 頁

本多 正樹「外為証拠金取引につき賭博性を有し公序良俗違反とされた事例[仙台地裁平成 19.9.5 判決]」ジ
　　ュリスト 1411 号（2010 年）144-147 頁

松尾 直彦「店頭デリバティブ取引等の投資勧誘の在り方：「悪玉論」への疑問」金融法務事情 60 巻 3 号
　　（2012 年）70-79 頁

李 小龍「外国為替証拠金取引の公序良俗違反と取締役の第三者責任[東京高裁平成 18.9.21 判決]」ジュリ
　　スト 1373 号（2009 年）135-138 頁

15

資料１

§5.5　Distribution of "Risk Disclosure Statement" by retail foreign exchange dealers, futures commission merchants and introducing brokers regarding retail forex transactions.

(a) Except as provided in §5.23 of this part, no retail foreign exchange dealer, futures commission merchant, or in the case of an introduced account no introducing broker, may open an account that will engage in retail forex transactions for a retail forex customer, unless the retail foreign exchange dealer, futures commission merchant or introducing broker first:

(1)(i) In the case of a retail foreign exchange dealer or a person required to register as an introducing broker solely by reason of this part, furnishes the retail forex customer with a separate written disclosure statement containing only the language set forth in paragraph (b) of this section and the disclosure required by paragraph (e) of this section;

(ii) In the case of a futures commission merchant or a person required to register as an introducing broker because it engages in the activities described in §1.3 of this chapter, furnishes the retail forex customer with a separate written disclosure statement containing only the language set forth in paragraph (b) of this section and the disclosure required by paragraph (e) of this section; *Provided, however,*that the disclosure statement may be attached to other documents as the initial page(s) of such documents and as the only material on such page(s); and

(2) Receives from the retail forex customer an acknowledgment signed and dated by the retail forex customer that he received and understood the disclosure statement.

(b) The language set forth in the written disclosure statement required by paragraph (a) of this section shall be as follows:

RISK DISCLOSURE STATEMENT

OFF-EXCHANGE FOREIGN CURRENCY TRANSACTIONS INVOLVE THE LEVERAGED TRADING OF CONTRACTS DENOMINATED IN FOREIGN CURRENCY CONDUCTED WITH A FUTURES COMMISSION MERCHANT OR A RETAIL FOREIGN EXCHANGE DEALER AS YOUR COUNTERPARTY. BECAUSE OF THE LEVERAGE AND THE OTHER RISKS DISCLOSED HERE, YOU CAN RAPIDLY LOSE ALL OF THE FUNDS YOU DEPOSIT FOR SUCH TRADING AND YOU MAY LOSE MORE THAN YOU DEPOSIT.

YOU SHOULD BE AWARE OF AND CAREFULLY CONSIDER THE FOLLOWING POINTS BEFORE DETERMINING WHETHER SUCH TRADING IS APPROPRIATE FOR YOU.

(1) TRADING IS NOT ON A REGULATED MARKET OR EXCHANGE—YOUR DEALER IS YOUR TRADING PARTNER WHICH IS A DIRECT CONFLICT OF INTEREST. BEFORE YOU ENGAGE IN ANY RETAIL FOREIGN EXCHANGE TRADING, YOU SHOULD CONFIRM THE REGISTRATION STATUS OF YOUR COUNTERPARTY.

The off-exchange foreign currency trading you are entering into is not conducted on an interbank market, nor is it conducted on a futures exchange subject to regulation as a designated contract market by the Commodity Futures Trading Commission. The foreign currency trades you transact are trades with the futures commission merchant or retail foreign exchange dealer as your counterparty. WHEN YOU SELL, THE DEALER IS THE BUYER. WHEN YOU BUY, THE DEALER IS THE SELLER. As a result, when you lose money trading, your dealer is making money on such trades, in addition to any fees, commissions, or spreads the dealer may charge.

(2) AN ELECTRONIC TRADING PLATFORM FOR RETAIL FOREIGN CURRENCY TRANSACTIONS IS NOT AN EXCHANGE. IT IS AN ELECTRONIC CONNECTION FOR ACCESSING YOUR DEALER. THE TERMS OF AVAILABILITY OF SUCH A PLATFORM ARE GOVERNED ONLY BY YOUR CONTRACT WITH YOUR DEALER.

Any trading platform that you may use to enter off-exchange foreign currency transactions is only connected to your futures commission merchant or retail foreign exchange dealer. You are accessing that trading platform only to transact with your dealer. You are not trading with any other entities or customers of the dealer by accessing such platform. The availability and operation of any such platform, including the consequences of the unavailability of the trading platform for any reason, is governed only by the terms of your account agreement with the dealer.

(3) YOUR DEPOSITS WITH THE DEALER HAVE NO REGULATORY PROTECTIONS.

All of your rights associated with your retail forex trading, including the manner and denomination of any payments made to you, are governed by the contract terms established in your account agreement with the futures commission merchant or retail foreign exchange dealer. Funds deposited by you with a futures commission merchant or retail foreign exchange dealer for trading off-exchange foreign currency transactions are not subject to the customer funds protections provided to customers trading on a contract market that is designated by the Commodity Futures Trading Commission. Your dealer may commingle your funds with its own operating funds or use them for other purposes. In the event your dealer becomes bankrupt, any funds the dealer is holding for you in addition to any amounts owed to you resulting from trading, whether or not any assets are maintained in separate deposit accounts by the dealer, may be treated as an unsecured creditor's claim.

(4) YOU ARE LIMITED TO YOUR DEALER TO OFFSET OR LIQUIDATE ANY TRADING POSITIONS SINCE THE TRANSACTIONS ARE NOT MADE ON AN EXCHANGE OR MARKET, AND YOUR DEALER MAY SET ITS OWN PRICES.

Your ability to close your transactions or offset positions is limited to what your dealer will offer to you, as there is no other market for these transactions. Your dealer may offer any prices it wishes, and it may offer prices derived from outside sources or not in its discretion. Your dealer may establish its prices by offering spreads from third party prices, but it is under no obligation to do so or to continue to do so. Your dealer may offer different prices to different customers at any point in time on its own terms. The terms of your account agreement alone govern the obligations your dealer has to you to offer prices and offer offset or liquidating transactions in your account and make any payments to you. The prices offered by your dealer may or may not reflect prices available elsewhere at any exchange, interbank, or other market for foreign currency.

(5) PAID SOLICITORS MAY HAVE UNDISCLOSED CONFLICTS

The futures commission merchant or retail foreign exchange dealer may compensate introducing brokers for introducing your account in ways which are not disclosed to you. Such paid solicitors are not required to have, and may not have, any special expertise in trading, and may have conflicts of interest based on the method by which they are compensated. Solicitors working on behalf of futures commission merchants and retail foreign exchange dealers are required to register. You should confirm that they are, in fact registered. You should thoroughly investigate the manner in which all such solicitors are compensated and be very cautious in granting any person or entity authority to trade on your behalf. You should always consider obtaining dated written confirmation of any information you are relying on from your dealer or a solicitor in making any trading or account decisions.

FINALLY, YOU SHOULD THOROUGHLY INVESTIGATE ANY STATEMENTS BY ANY DEALERS OR SALES REPRESENTATIVES WHICH MINIMIZE THE IMPORTANCE OF, OR CONTRADICT, ANY OF THE TERMS OF THIS RISK DISCLOSURE. SUCH STATEMENTS MAY INDICATE POTENTIAL SALES FRAUD.

THIS BRIEF STATEMENT CANNOT, OF COURSE, DISCLOSE ALL THE RISKS AND OTHER ASPECTS OF TRADING OFF-EXCHANGE FOREIGN CURRENCY TRANSACTIONS WITH A FUTURES COMMISSION MERCHANT OR RETAIL FOREIGN EXCHANGE DEALER.

I hereby acknowledge that I have received and understood this risk disclosure statement.

_____

Date

_____

Signature of Customer

(c) The acknowledgment required by paragraph (a) of this section must be retained by the retail foreign exchange dealer, futures commission merchant or introducing broker in accordance with §1.31 of this chapter.

(d) This section does not relieve a retail foreign exchange dealer, futures commission merchant or introducing broker from any other disclosure obligation it may have under applicable law.

(e)(1) Immediately following the language set forth in paragraph (b) of this section, the statement required by paragraph (a) of this section shall include, for each of the most recent four calendar quarters during which the counterparty maintained retail forex customer accounts:

(i) The total number of non discretionary retail forex customer accounts maintained by the retail foreign exchange dealer or futures commission merchant;

(ii) The percentage of such accounts that were profitable during the quarter; and

(iii) The percentage of such accounts that were not profitable during the quarter.

(2) Identification of retail forex customer accounts for the purpose of this disclosure and the calculation in determining whether each such account was profitable or not profitable must be made in accordance with §5.18(i) of this part. Such statement of profitable trades shall include the following legend: PAST PERFORMANCE IS NOT

NECESSARILY INDICATIVE OF FUTURE RESULTS. Each retail foreign exchange dealer or futures commission merchant shall provide, upon request, to any retail forex customer or prospective retail forex customer the total number of non discretionary retail forex accounts maintained by such foreign exchange dealer or futures commission merchant, the percentage of such accounts that were profitable and the percentage of such accounts that were not profitable, calculated in accordance with §5.18(i) of this part, for each calendar quarter during the most recent five year period during which such retail foreign exchange dealer or futures commission merchant maintained non discretionary retail forex customer accounts.

[75 FR 55432, Sept. 10, 2010, as amended at 83 FR 7996, Feb. 23, 2018]

資料２

1.6.2018 | EN | Official Journal of the European Union | L 136/79

ANNEX II

RISK WARNINGS

SECTION A

Risk warning conditions

1. The risk warning shall be in a layout ensuring its prominence, in a font size at least equal to the predominant font size and in the same language as that used in the communication or published information.

2. If the communication or published information is in a durable medium or a webpage, the risk warning shall be in the format specified in Section B.

3. If the communication or information is in a medium other than a durable medium or a webpage, the risk warning shall be in the format specified in Section C.

4. The risk warning shall include an up-to-date provider-specific loss percentage based on a calculation of the percentage of *CFD* trading accounts provided to retail clients by the *CFD* provider that lost money. The calculation shall be performed every 3 months and cover the 12-month period preceding the date on which it is performed ('12-month calculation period'). For the purposes of the calculation:

   (a) an individual retail client *CFD* trading account shall be considered to have lost money if the sum of all realised and unrealised net profits on *CFDs* connected to the *CFD* trading account during the 12-month calculation period is negative;

   (b) any costs relating to the *CFDs* connected to the *CFD* trading account shall be included in the calculation, including all charges, fees and commissions;

   (c) the following items shall be excluded from the calculation:

      (i) any *CFD* trading account that did not have an open *CFD* connected to it within the calculation period;

      (ii) any profits or losses from products other than *CFDs* connected to the *CFD* trading account;

      (iii) any deposits or withdrawals of funds from the *CFD* trading account.

5. By way of derogation from paragraphs 2 to 4, if in the last 12-month calculation period a *CFD* provider has not provided an open CFD connected to a retail client *CFD* trading account, that *CFD* provider shall use the standard risk warning specified in Sections D and E, as appropriate.

SECTION B

Durable medium and webpage provider-specific risk warning

CFDs are complex instruments and come with a high risk of losing money rapidly due to leverage.

[*insert percentage per provider*] % of retail investor accounts lose money when trading CFDs with this provider.

You should consider whether you understand how CFDs work and whether you can afford to take the high risk of losing your money.

SECTION C

Abbreviated provider-specific risk warning

[*insert percentage per provider*] % of retail investor accounts lose money when trading CFDs with this provider.

You should consider whether you can afford to take the high risk of losing your money.

65

SECTION D

Durable medium and webpage standard risk warning

CFDs are complex instruments and come with a high risk of losing money rapidly due to leverage.

Between 74-89 % of retail investor accounts lose money when trading CFDs.

You should consider whether you understand how CFDs work and whether you can afford to take the high risk of losing your money.

SECTION E

Abbreviated standard risk warning

Between 74-89 % of retail investor accounts lose money when trading CFDs.

You should consider whether you can afford to take the high risk of losing your money.

金融商品取引法研究会名簿

（平成 30 年 6 月 28 日現在）

会　　長	神　作　裕　之	東京大学大学院法学政治学研究科教授
会長代理	弥　永　真　生	筑波大学ビジネスサイエンス系 　　　　　ビジネス科学研究科教授
委　　員	飯　田　秀　総	東京大学大学院法学政治学研究科准教授
〃	大　崎　貞　和	野村総合研究所未来創発センターフェロー
〃	尾　崎　悠　一	首都大学東京大学院法学政治学研究科 　　　　　法学政治学専攻准教授
〃	加　藤　貴　仁	東京大学大学院法学政治学研究科准教授
〃	河　村　賢　治	立教大学大学院法務研究科教授
〃	小　出　　　篤	学習院大学法学部教授
〃	後　藤　　　元	東京大学大学院法学政治学研究科准教授
〃	武　井　一　浩	西村あさひ法律事務所パートナー弁護士
〃	中　東　正　文	名古屋大学大学院法学研究科教授
〃	藤　田　友　敬	東京大学大学院法学政治学研究科教授
〃	松　井　智　予	上智大学大学院法学研究科教授
〃	松　井　秀　征	立教大学法学部教授
〃	松　尾　健　一	大阪大学大学院高等司法研究科准教授
〃	松　尾　直　彦	東京大学大学院法学政治学研究科客員教授・弁護士
〃	宮　下　　　央	ＴＭＩ総合法律事務所弁護士
オブザーバー	小　森　卓　郎	金融庁総務企画局市場課長
〃	岸　田　吉　史	野村ホールディングスグループ法務部長
〃	森　　　忠　之	大和証券グループ本社経営企画部担当部長兼法務課長
〃	鎌　塚　正　人	ＳＭＢＣ日興証券法務部長
〃	陶　山　健　二	みずほ証券法務部長
〃	本　井　孝　洋	三菱ＵＦＪモルガン・スタンレー証券法務部長
〃	山　内　公　明	日本証券業協会常務執行役自主規制本部長
〃	石　黒　淳　史	日本証券業協会政策本部共同本部長
〃	山　本　　　悟	日本証券業協会自主規制企画部長
〃	塚　﨑　由　寛	日本取引所グループ総務部法務グループ課長
研　究　所	増　井　喜一郎	日本証券経済研究所理事長
〃	大　前　　　忠	日本証券経済研究所常務理事

（敬称略）

[参考] 既に公表した「金融商品取引法研究会（証券取引法研究会）
研究記録」

第1号「裁判外紛争処理制度の構築と問題点」 2003年11月
　　　　報告者　森田章同志社大学教授

第2号「システム障害と損失補償問題」 2004年1月
　　　　報告者　山下友信東京大学教授

第3号「会社法の大改正と証券規制への影響」 2004年3月
　　　　　報告者　前田雅弘京都大学教授

第4号「証券化の進展に伴う諸問題(倒産隔離の明確化等)」 2004年6月
　　　　　報告者　浜田道代名古屋大学教授

第5号「EUにおける資本市場法の統合の動向 2005年7月
　　　　　―投資商品、証券業務の範囲を中心として―」
　　　　　報告者　神作裕之東京大学教授

第6号「近時の企業情報開示を巡る課題 2005年7月
　　　　　―実効性確保の観点を中心に―」
　　　　　報告者　山田剛志新潟大学助教授

第7号「プロ・アマ投資者の区分―金融商品・ 2005年9月
　　　　　販売方法等の変化に伴うリテール規制の再編―」
　　　　　報告者　青木浩子千葉大学助教授

第8号「目論見書制度の改革」 2005年11月
　　　　　報告者　黒沼悦郎早稲田大学教授

第9号「投資サービス法(仮称)について」 2005年11月
　　　　　報告者　三井秀範金融庁総務企画局市場課長
　　　　　　　　　松尾直彦金融庁総務企画局
　　　　　　　　　　　　投資サービス法(仮称)法令準備室長

第10号「委任状勧誘に関する実務上の諸問題 2005年11月
　　　　　―委任状争奪戦（proxy fight）の文脈を中心に―」
　　　　　報告者　太田洋 西村ときわ法律事務所パートナー・弁護士

第11号「集団投資スキームに関する規制について 2005年12月
　　　　　―組合型ファンドを中心に―」
　　　　　報告者　中村聡 森・濱田松本法律事務所パートナー・弁護士

第12号「証券仲介業」 2006年3月
　　　　　報告者　川口恭弘同志社大学教授

第13号「敵対的買収に関する法規制」　　　　　　　　　　　2006年5月
　　　　　報告者　中東正文名古屋大学教授

第14号「証券アナリスト規制と強制情報開示・不公正取引規制」　2006年7月
　　　　　報告者　戸田暁京都大学助教授

第15号「新会社法のもとでの株式買取請求権制度」　　　　　2006年9月
　　　　　報告者　藤田友敬東京大学教授

第16号「証券取引法改正に係る政令等について」　　　　　2006年12月
　　　（TOB、大量保有報告関係、内部統制報告関係）
　　　　　報告者　池田唯一　金融庁総務企画局企業開示課長

第17号「間接保有証券に関するユニドロア条約策定作業の状況」　2007年5月
　　　　　報告者　神田秀樹　東京大学大学院法学政治学研究科教授

第18号「金融商品取引法の政令・内閣府令について」　　　　2007年6月
　　　　　報告者　三井秀範　金融庁総務企画局市場課長

第19号「特定投資家・一般投資家について―自主規制業務を中心に―」　2007年9月
　　　　　報告者　青木浩子　千葉大学大学院専門法務研究科教授

第20号「金融商品取引所について」　　　　　　　　　　　2007年10月
　　　　　報告者　前田雅弘　京都大学大学院法学研究科教授

第21号「不公正取引について―村上ファンド事件を中心に―」　2008年1月
　　　　　報告者　太田　洋　西村あさひ法律事務所パートナー・弁護士

第22号「大量保有報告制度」　　　　　　　　　　　　　2008年3月
　　　　　報告者　神作裕之　東京大学大学院法学政治学研究科教授

第23号「開示制度（Ⅰ）―企業再編成に係る開示制度および　2008年4月
　　　集団投資スキーム持分等の開示制度―」
　　　　　報告者　川口恭弘 同志社大学大学院法学研究科教授

第24号「開示制度（Ⅱ）―確認書、内部統制報告書、四半期報告書―」　2008年7月
　　　　　報告者　戸田　暁　京都大学大学院法学研究科准教授

第25号「有価証券の範囲」　　　　　　　　　　　　　　2008年7月
　　　　　報告者　藤田友敬　東京大学大学院法学政治学研究科教授

第26号「民事責任規定・エンフォースメント」　　　　　　2008年10月
　　　　　報告者　近藤光男　神戸大学大学院法学研究科教授

第27号「金融機関による説明義務・適合性の原則と金融商品販売法」2009年1月
　　　　　報告者　山田剛志　新潟大学大学院実務法学研究科准教授

第28号「集団投資スキーム（ファンド）規制」　　　　　　2009年3月
　　　　　報告者　中村聡 森・濱田松本法律事務所パートナー・弁護士

第 29 号「金融商品取引業の業規制」 2009 年 4 月
　　　報告者　黒沼悦郎　早稲田大学大学院法務研究科教授

第 30 号「公開買付け制度」 2009 年 7 月
　　　報告者　中東正文　名古屋大学大学院法学研究科教授

第 31 号「最近の金融商品取引法の改正について」 2011 年 3 月
　　　報告者　藤本拓資　金融庁総務企画局市場課長

第 32 号「金融商品取引業における利益相反 2011 年 6 月
　　　─利益相反管理体制の整備業務を中心として─」
　　　報告者　神作裕之　東京大学大学院法学政治学研究科教授

第 33 号「顧客との個別の取引条件における特別の利益提供に関する問題」2011 年 9 月
　　　報告者　青木浩子　千葉大学大学院専門法務研究科教授
　　　　　　　松本譲治　ＳＭＢＣ日興証券　法務部長

第 34 号「ライツ・オファリングの円滑な利用に向けた制度整備と課題」2011 年 11 月
　　　報告者　前田雅弘　京都大学大学院法学研究科教授

第 35 号「公開買付規制を巡る近時の諸問題」 2012 年 2 月
　　　報告者　太田 洋 西村あさひ法律事務所弁護士・NY州弁護士

第 36 号「格付会社への規制」 2012 年 6 月
　　　報告者　山田剛志　成城大学法学部教授

第 37 号「金商法第 6 章の不公正取引規制の体系」 2012 年 7 月
　　　報告者　松尾直彦　東京大学大学院法学政治学研究科客員
　　　　　　　教授・西村あさひ法律事務所弁護士

第 38 号「キャッシュ・アウト法制」 2012 年 10 月
　　　報告者　中東正文　名古屋大学大学院法学研究科教授

第 39 号「デリバティブに関する規制」 2012 年 11 月
　　　報告者　神田秀樹　東京大学大学院法学政治学研究科教授

第 40 号「米国 JOBS 法による証券規制の変革」 2013 年 1 月
　　　報告者　中村聡 森・濱田松本法律事務所パートナー・弁護士

第 41 号「金融商品取引法の役員の責任と会社法の役員の責任 2013 年 3 月
　　　─虚偽記載をめぐる役員の責任を中心に─」
　　　報告者　近藤光男　神戸大学大学院法学研究科教授

第 42 号「ドッド=フランク法における信用リスクの保持ルールについて」 2013 年 4 月
　　　報告者　黒沼悦郎　早稲田大学大学院法務研究科教授

第 43 号「相場操縦の規制」 2013 年 8 月
　　　報告者　藤田友敬　東京大学大学院法学政治学研究科教授

第 44 号「法人関係情報」 2013 年 10 月
　　　　　報告者　川口恭弘　同志社大学大学院法学研究科教授
　　　　　　　　　平田公一　日本証券業協会常務執行役

第 45 号「最近の金融商品取引法の改正について」 2014 年 6 月
　　　　　報告者　藤本拓資　金融庁総務企画局企画課長

第 46 号「リテール顧客向けデリバティブ関連商品販売における民事責任 2014 年 9 月
　　　　　―「新規な説明義務」を中心として―」
　　　　　報告者　青木浩子　千葉大学大学院専門法務研究科教授

第 47 号「投資者保護基金制度」 2014 年 10 月
　　　　　報告者　神田秀樹　東京大学大学院法学政治学研究科教授

第 48 号「市場に対する詐欺に関する米国判例の動向について」 2015 年 1 月
　　　　　報告者　黒沼悦郎　早稲田大学大学院法務研究科教授

第 49 号「継続開示義務者の範囲―アメリカ法を中心に―」 2015 年 3 月
　　　　　報告者　飯田秀総　神戸大学大学院法学研究科准教授

第 50 号「証券会社の破綻と投資者保護基金 2015 年 5 月
　　　　　―金融商品取引法と預金保険法の交錯―」
　　　　　報告者　山田剛志　成城大学大学院法学研究科教授

第 51 号「インサイダー取引規制と自己株式」 2015 年 7 月
　　　　　報告者　前田雅弘　京都大学大学院法学研究科教授

第 52 号「金商法において利用されない制度と利用される制度の制限」 2015 年 8 月
　　　　　報告者　松尾直彦　東京大学大学院法学政治学研究科
　　　　　　　　　　　　　　客員教授・弁護士

第 53 号「証券訴訟を巡る近時の諸問題 2015 年 10 月
　　　　　―流通市場において不実開示を行った提出会社の責任を中心に―」
　　　　　報告者　太田 洋 西村あさひ法律事務所パートナー・弁護士

第 54 号「適合性の原則」 2016 年 3 月
　　　　　報告者　川口恭弘　同志社大学大学院法学研究科教授

第 55 号「金商法の観点から見たコーポレートガバナンス・コード」 2016 年 5 月
　　　　　報告者　神作裕之　東京大学大学院法学政治学研究科教授

第 56 号「EUにおける投資型クラウドファンディング規制」 2016 年 7 月
　　　　　報告者　松尾健一　大阪大学大学院法学研究科准教授

第 57 号「上場会社による種類株式の利用」 2016 年 9 月
　　　　　報告者　加藤貴仁　東京大学大学院法学政治学研究科准教授

第 58 号「公開買付前置型キャッシュアウトにおける　　　　　2016年11月
　　　　価格決定請求と公正な対価」
　　　　　　報告者　藤田友敬　東京大学大学院法学政治学研究科教授

第 59 号「平成26年会社法改正後のキャッシュ・アウト法制」2017 年 1 月
　　　　　　報告者　中東正文　名古屋大学大学院法学研究科教授

第 60 号「流通市場の投資家による発行会社に対する証券訴訟の実態」2017 年 3 月
　　　　　　報告者　後藤　元　東京大学大学院法学政治学研究科准教授

第 61 号「米国における投資助言業者（investment adviser）　2017 年 5 月
　　　　の負う信認義務」
　　　　　　報告者　萬澤陽子　専修大学法学部准教授・当研究所客員研究員

第 62 号「最近の金融商品取引法の改正について」　　　　　2018 年 2 月
　　　　　　報告者　小森卓郎　金融庁総務企画局市場課長

第 63 号「監査報告書の見直し」　　　　　　　　　　　　　2018 年 3 月
　　　　　　報告者　弥永真生　筑波大学ビジネスサイエンス系
　　　　　　　　　　　　　　　ビジネス科学研究科教授

第 64 号「フェア・ディスクロージャー・ルールについて」　2018 年 6 月
　　　　　　報告者　大崎貞和　野村総合研究所未来創発センターフェロー

購入を希望される方は、一般書店または当研究所までお申し込み下さい。
当研究所の出版物案内は研究所のホームページ http://www.jsri.or.jp/ にてご覧いた
だけます。

金融商品取引法研究会研究記録　第 65 号

外国為替証拠金取引のレバレッジ規制

平成 30 年 8 月 24 日

定価（本体 500 円＋税）

編　者　　金 融 商 品 取 引 法 研 究 会
発行者　　公益財団法人　日本証券経済研究所
東京都中央区日本橋茅場町 1-5-8
東京証券会館内　　〒 103-0025
電話　03（3669）0737 代表
URL: http://www.jsri.or.jp

ISBN978-4-89032-681-5 C3032 ¥500E